高齡 Ageing in Cities

城市學

李家儂 著

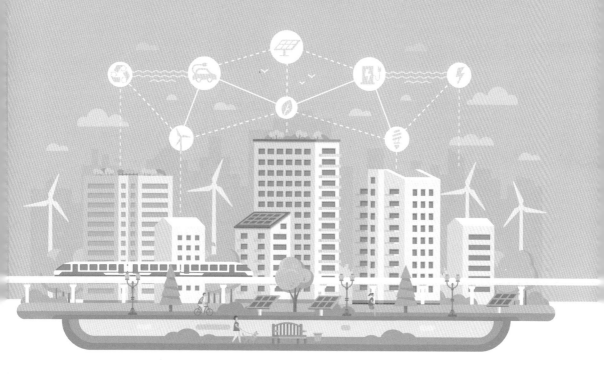

五南圖書出版公司 印行

推薦序一

幸福高齡生活

在人類發展的歷史脈絡中，高齡者一直都存在，因此生活環境的規劃與設計，理論上應該很自然地會考慮高齡者需要。然而在現實中，我們的生活環境多數是在規劃設計者依其個人侷限的經驗，或是社會上較多數且有影響力的民眾需要，具體而言是青壯中年、中產階級、高等教育等背景，所發展形成的。近年逐漸受到重視的高齡社會需要，便是凸顯其在過去一直被忽視的事實。在我自己日漸高齡化，爲將來如何適應生活環境而忐忑不安的當下，閱讀李家儂教授專書著作《高齡城市學》，彷彿是在昏暗隧道中見到出口亮光，瞬間滿心期待將來的幸福高齡生活。

本書內容在論述高齡者對城市生活環境的需要，以及回應這些需要的規劃與設計原則。論述重點主要在「行」的部分，特別是在大眾運輸環境，少數內容觸及「住」的部分。全書分爲五章，第一章藉由文獻回顧與評析，論述大眾運輸在高齡友善城市中的角色與重要性，以及高齡者對大眾運輸環境的需要。第二章以大臺北地區高齡者爲對象，使用問卷調查、因素分析、變異數分析等方法，探討高齡者對大眾運輸環境各種需要的重要度與滿意度，及其在不同社經背景間的差異，並提出發展策略建議。第三章運用模糊德爾菲法與分析網路程序等方法，發展高齡友善大眾運輸環境的評估指標與體系，並以臺北車站、市府轉運站、板橋車站爲對象進行案例分析。第四章將視野從大眾運輸車站擴展到車站周邊地區，運用問卷調查與結構方程模式，以捷運龍山寺站區爲調查範圍，探討對高齡者友善的站區步行環境，並論述大眾運輸導向發展如何回應高齡者的需要。第五章則自高齡住宅政策及法令的討論出發，以大眾運輸導向發展爲基礎，提出一個高齡友善住宅社區的發展概念與規劃架構。

　　本書內容取材豐富，論述條理分明，相當具有參考性，適合推薦給從事都市環境規劃與設計的專業者，以及高齡友善環境的研究者。閱讀時，各章可以視爲獨立單元，彼此間又維持關聯性，較艱澀的專業方法說明能深入淺出，易讀性高。

　　希望本書的出版，能鼓勵更多環境規劃專家與學者，在他們的工作中留意到民眾多元特質的需要，不論高矮胖瘦、喜怒哀樂、貧富貴賤、男女老幼，都能在具包容性的城鄉環境中，悠然生活。

林楨家 中華民國區域科學學會理事長
國立臺灣大學地理環境資源學系教授
2022 年 7 月 10 日

推薦序二

建構高齡友善的城市環境，是臺灣重要的任務

「城市」的多元服務與機能是滿足高齡生活需求的理想環境，但城市的複雜活動與空間交錯，也是加重高齡者出入壓力的環境。

高齡化社會是臺灣必然的趨勢，也是人生必經的過程。建構高齡友善的城市環境，是臺灣重要的任務，也是國人基本且普遍的需求。

李家儂教授為城市重要節點的高齡友善交通規劃，是每個城市規劃者與管理者應該認識與思考的重大課題，也是每個城市生活中要共同關注與對話的好題目。

希望透過這本著作，帶領大家進入更專業精準的城市對話，讓我們的城市更溫馨可愛。

花敬群 內政部次長

推薦序三

高齡城市的挑戰

　　都市，象徵人類歷史文明成果的累積，也是人類生活的主要場域。而隨著科學與技術快速的推進，都市生活有了極大的改變，但也同時改變了生存環境。氣候暖化、經濟全球化、社會高齡化，都是都市研究者不得不面對的挑戰。繼《大眾運輸導向發展的成就與挑戰》專書付梓之後，家儂教授又有了專書出版。拜讀之後，充分感受到年輕學者致力於學術專研，又能寫作成書的積極態度，著實令人敬佩！

　　在前著作中，家儂教授探討新都市主義 (New Urbanism) 所倡議的「大眾運輸導向發展 (Transit-Oriented Development, TOD)」。在本書則轉而探究高齡者居住城市所面臨的運輸與住宅環境議題。包括探討高齡者的運輸需求，尤其是對大眾運輸的環境設計與活動需求，建置高齡者友善大眾運輸環境的評估指標體系，進而建構高齡友善健康步行環境之分析模型，最後再探討臺灣以高齡友善城市為核心的住宅政策及相關法令。而本書所操作的研究分析方法，則為都市研究常見的計量分析工具，包含專家問卷、德爾菲法 (Delphi Method)、SWOT 評估、分析層級程序法 (Analytic Hierarchical Process, AHP)、結構方程模式 (Structural Equation Modeling, SEM)、空間形構 (Space Syntax)，以及多準則決策，內容相當豐富。姑且不論計量分析模式所推論的結論是否正確，本書所表達的是一種嘗試以數量科學為基礎的實證現象論述。這是自 1970 年代開始逐漸從經濟理論建立啟發式模型 (Heuristic Modeling)，轉而進行實證性推論 (Empirical Analysis) 所使用的學術論述取向，也廣為被近數十年來都市研究者所採用。

　　然而，所有的分析工具皆有其適用及限制。計量分析當然也不例

外，必須是在符合其立論的基本假設條件下，進行數理邏輯推論。因而，其推論及檢定結果，未必能完全符合實務現象。但重點在於經濟理論以及推論邏輯。所有的論證議題，皆須要有經濟理論作為基礎，輔以正確的數據及客觀的推論，才能建立具有說服力的學術論證。相信家儂教授在操作本書各章節的實證論述時，必然也是秉持著這樣的信念。

再次恭喜家儂教授，將論文結集成書，以饗各界都市研究同好。相信本書能帶動更多的學術研究啓發，以及對都市政策的實務貢獻。

陳彥仲 謹識

國立成功大學都市計劃系特聘教授

中華民國都市計劃學會理事長

2021 年 9 月 22 日

推薦序四

讓「變老」華麗轉身成為「最浪漫的事」

講到「變老」這件事，腦海中不禁浮現一首九〇年代的流行歌《最浪漫的事》，其中的一段歌詞：

我能想到最浪漫的事
就是和你一起慢慢變老
直到我們老得哪兒也去不了
你還依然把我當成手心裡的寶……

年輕時哼唱這首歌的確很浪漫，但隨著年紀漸長，慢慢發現包括自己在內的許多年長者，可能將一步步面臨未來「哪兒也去不了」的可能處境——恐怕會一下子浪漫不起來？

李家儂博士的新書《高齡城市學》，企圖為我們擘劃出一個高齡友善的城市，並特別著重在高齡友善的大眾運輸環境的整體策略及規劃——這種遠見及努力，不僅使我們的城市更能達到多元、宜居的目標，也讓「變老」華麗轉身成為「最浪漫的事」！

鍾佳濱 立法委員
屏東縣前副縣長

自序

　　生活越來越舒適、醫療越來越發達，人們壽命得以延長，伴隨少子化因素，高齡化日益加重，根據 2012 年世界衛生組織 (WHO) 統計，2000 年全球 60 歲以上的人口已占總人數 11%，至 2050 年將翻倍成長至 22%，同時 60 歲以上的老年人口將從 6.05 億提高到 20 億，而 80 歲以上老年人口將提升近四倍之多，達到 3.95 億人。如今都市社會的變遷，致使家庭結構多以小家庭式為主，許多雙薪家庭無法陪伴老年人生活上的需要，也相對產生老年人獨居的現象，導致老年人獨自行動的時間逐漸增加。高齡化對未來社會可能產生各項問題，如國家財政負荷加重、經濟成長下降與商業及消費行為改變等。

　　高齡者在社會中扮演著照護家庭成員與傳承經驗的重要角色，但忙碌的都市生活使高齡者逐漸成為弱勢，因此，協助高齡者獨立生活，其環境空間的規劃，如友善的城市規劃、步行環境與大眾運輸環境，成為值得關注的議題，亦顯示出高齡者於日常生活中特別需要友善且便利的生活環境，以彌補由於社會與自身生理變化所帶來的不便。

　　早在 20 年前，2002 年聯合國馬德里老年國際行動計畫中，便已將高齡議題列為三大優先考量的國家政策之一。另外，聯合國 (United Nations) 亦將 1999 年訂為「國際老人年 (International Year of Older People)」，顯示國際對於老年人的重視，同時發表了老人人權宣言，此宣言第三條「老人應享有適當地理位置與經過設計且價格合理的居住環境」，說明適合高齡者的居住環境是重要的，故對於老年人友善生活環境應有較多的考量，方能使得老年人能夠健康且便利於其生活環境中。由此可見，在都市化高度發展的情況下，高齡化現象已成為全球趨勢。

　　近年來，「大眾運輸導向發展 (TOD)」的規劃理念，已成為土地使用與交通運輸整合的新都市發展模式，僅能保護自然環境，使城市朝向低碳

化發展，並同時活化產業、增加就業機會，更能有效成爲未來高齡及超高齡社會的因應對策，因爲都市蔓延地區，隨著汽、機車使用率增加，人們對於身體健康的活動或鍛鍊將因而減少。

從高齡者之旅運行爲可發現，其在從事各項活動時，皆需仰賴交通工具以達到目的，大眾運輸有益於高齡化城市的環境發展，並強調需加強高齡者與群眾的互動，以促進老人積極參與社會活動，進而改善老年人弱勢問題，最後可提供高齡者更多的公民參與，此更也呼應 TOD 可成爲因應高齡化社會的有效策略之一。再從國外對於大眾運輸建設與環境營造觀之，早已開始著手致力於朝向高齡者需求爲導向的觀點，並提供足夠的運輸設施，以滿足未來運輸需求，大眾運輸設計應以全體使用者爲服務對象，並充分考量高齡者之身心機能與運輸特性，因此高齡者之運輸需求，自然包括在其中，如此方能使社會與運輸環境維持永續發展，TOD 步行環境與設施的舒適性，影響著高齡者使用大眾運輸的意願；但居住在鄉村的高齡者如果經濟收入較低，搭乘大眾運輸確實有相當的困難，對於貧困者的運輸需求問題，政策制定者應考量居住地與就業之間的地理位置，以方便使用大眾運輸。由此可見，爲因應將來老齡化所帶來的衝擊，需充分評估高齡者在大眾運輸環境之規劃，亦成爲臺灣發展成高齡友善城市的主要課題。

臺灣於 2018 年已正式轉爲高齡社會，尤其在人口集中且高度都市化的臺北都會區，此現象更趨於嚴重，但觀察臺北捷運當前大眾運輸環境規劃，卻仍多以一般族群需求爲主要導向；倘若如此，勢必無法因應未來老年人口急遽增加，以及高齡化所造成的乘客結構改變，如高齡者礙於身體機能逐漸弱化，終將無法再使用私人汽、機車自由移動，使老年乘客數量與比例增加，以及旅運需求類型有所變化等情形，高齡議題對都市整體交通環境產生若大衝擊，亦使 TOD 可持續發展理念被瓦解。

本書將考量高齡者身心特性及起點至迄點之旅運需求，以期強化

TOD 之設計中，以人為本的都市設計可納入高齡議題。雖然國內有諸多大眾運輸環境相關研究，但大多係從土地使用層面來影響使用者搭乘大眾運輸意願，又或者單獨考量高齡族群的活動與滿意度，而鮮少探討大眾運輸環境之老齡化現象及高齡者旅運需求，以及尚缺乏一套具系統性的評估方式。本書基於 TOD 模式及高齡友善城市理念，其研究目的在於考量高齡者的生理與心理特性和從起點至迄點的旅運需求，提出一套混合式多準則決策模式，以案例進行評估，從而檢視現有的大眾運輸環境表現，以及了解高齡者於使用過程中可能面臨的困難，據以提供高齡友善的大眾運輸環境，亦能有助於高齡者搭乘大眾運輸外出活動，以期大眾運輸環境朝向高齡友善之發展，也能建立各項都市發展的健康高齡政策。

李家儂 謹誌於桃園祥鷺洲書院

民國 111 年 9 月 26 日

目錄

表目錄

圖目錄

第一章　高齡友善健康城市
　　　　　與大眾運輸環境

第一節　高齡化的城市與生活環境的生成

　　近代受益於科技與經濟的迅速發展，人們的生活品質與公共衛生觀念都大爲提升，醫療技術的進步更使人們壽命得以延長，但伴隨著全球生育率下降與平均壽命增長所要面臨的重大挑戰，即是「全球高齡化」的現象日益加重，然而高齡者在社會中扮演著照護家庭成員與傳承經驗的重要角色，但科技的進步卻不一定使高齡者感到舒適與方便，其變化甚至使高齡者逐漸成爲弱勢，如何提供高齡者具備獨立生活的能力，同時兼顧交通與居住環境即變得極爲重要。

　　根據 2019 年聯合國 (United Nations) 全球人口展望 (World Population Prospects 2019) 最新公布資料顯示，目前全球 65 歲以上的老年人口已占總人數 9%，直至 2050 年將翻倍成長至超過 17%，且世界衛生組織 (WHO) 於 2019 年統計資料顯示，目前全球 60 歲以上的老年人口已達 7 億人，直至 2050 年將提高到 20 億人，而 80 歲以上老年人口將提升近四倍之多，且 80% 的高齡者將生活在低收入和中等收入國家，可見人口老化的速度比過去快得許多，高齡現象讓各大城市都面臨著重大挑戰。

　　而針對高齡議題早在 2002 年聯合國 (United Nations) 馬德里老年國際行動計畫中，便已將其列爲三大優先考量的領域之一，尤其高齡者活動易受土地使用模式、交通運輸系統、居住環境變化、安全性、可及性與連通性等要素影響，可見對於生活環境的規劃與設計更應重視高齡者需求，如高齡友善的大眾運輸系統與居住環境等，皆是值得關注的議題 (WHO, 2019)，亦顯示出高齡者於日常生活中特別需要友善且便利的生活環境，以彌補由於社會與自身生理變化所帶來的不便。由此可見，高齡化現象已

成為全球趨勢，而在高度都市化發展的情況下，未來此高齡化趨勢必更為加劇，為因應未來人口結構改變，屆時如何改善城市狀況，使其能更符合高齡者的需求，進而影響高齡者的生活模式，並營造出高齡友善的都市環境將成為世界潮流。

從世界各國觀察，法國以近 150 年的時間適應 60 歲以上人口比例從10% 到 20% 的變化，然而，巴西、中國和印度等地卻只花 20 年時間，人口快速老化，各國高齡化推估如下圖 1-1-1 所示。過去國家的人口分布向高齡化的轉變，始於高收入國家（如日本 30% 的人口已經超過 60 歲），但目前經歷最大變化的是低收入和中等收入國家，也開始快速地高齡化。陸續如智利、中國、伊朗伊斯蘭共和國和俄羅斯聯邦等許多國家的高齡人口比例將與日本相近。更長的壽命不僅為高齡者及其家庭，而且為整個社會帶來了機會，提供了從事新活動的機會，如繼續教育或新職業的產生，高齡者也在許多方面為家庭和社區做出貢獻。然而，這些效益在很大程度上取決於一個因素，就是高齡者的身體健康。

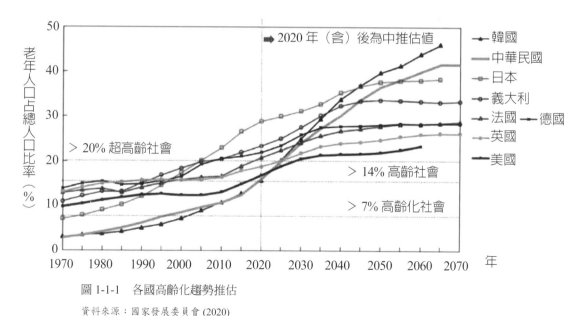

圖 1-1-1　各國高齡化趨勢推估

資料來源：國家發展委員會 (2020)

高齡社會隨之而來的即爲高齡者住宅問題，如以荷蘭爲例，據游千慧 (2017) 研究指出荷蘭大部分的老人家傾向想要留在自己熟悉的居住環境，不願搬遷至老人安養中心，因爲他們想要維繫既有的社交關係，提高自己對日常生活的掌控。荷蘭市政府於是推出與當地的住宅組織合作，在原社區提供位於一樓或二樓的公寓給老人家居住，並協助更改內裝設施，讓居住空間更適合老人生活。老年者對於這類房屋有優先承租權。因此，更能照顧年老者對於在地老化之需求，對國家而言則可以省去安養中心設置的預算，創造雙贏局面。

目前世界主要國家的老人照護政策，在地老化已是主流之一，讓老人在其生活的社區中自然老化，維持其自主及自尊，使高齡者擁有快樂及生活品質（游千慧，2017）。世界衛生組織 (WHO) 也做出了回應，根據《世界衛生決議》（67/13），世衛組織正在與會員國和其他夥伴協商，制定一項全面的《全球高齡和健康戰略和行動計畫》，並在現有活動的基礎上，提出 5 個優先行動領域。

一、致力於健康高齡化

需要認識到健康高齡化的價值，並持續承諾和採取行動，制定政策，加強高齡者的能力。

二、衛生系統與高齡人口的需求相協調

衛生系統需要更好地圍繞在高齡者的需要和偏好進行重組，旨在提升高齡者的身心需求，並整合生活環境和健康護理。該項行動亦可加強以人爲本的高齡城市規劃。

三、開發提供長期護理的系統

所有國家都需要長期護理制度，以滿足高齡者的需要，需要發展──從無到有──治理系統、基礎設施和工作力能力等。如世衛組織的長期護理工作與提高全民健康覆蓋面、解決非傳染性疾病以及發展以人為本和綜合衛生服務。

四、創造適合高齡者的環境

這將需要在所有政策和各級政府中採取行動，打擊年齡歧視，實現自治，支援健康高齡化。這些活動是世衛組織在過去十年中為發展有利於高齡者的城市和社區而開展的工作，包括發展全球高齡友好城市和社區網絡，以及建立一個互動資訊共享平臺「有利於高齡的世界」。

五、改進評估、監測和解析

對於廣泛的高齡化問題，需要重點研究、新的指標和分析方法。這項工作建立在世衛組織為改善衛生統計和資訊方面，所做的廣泛工作的基礎上。

但是隨著科技的進步卻使高齡者逐漸成為弱勢，不僅如此，科技亦並非絕對使高齡者感到舒適與方便。為協助高齡者獨立生活，生活空間的規劃與設計，如友善的大眾運輸系統，則成為值得關注的議題，亦顯示出高齡者於日常生活中特別需要友善且便利的生活環境，以彌補由於社會與自身生理變化所帶來的不便 (WHO, 2012)；此外，為因應全球高齡化對未來社會可能產生的問題，世界衛生組織已制定出三大策略：

（一）預防慢性病的產生；

（二）改善有益於高齡者的醫療環境；

（三）建立高齡友善的生活環境。

　　由此可見，高齡化現象已成爲全球趨勢，而在都市化高度發展下，未來高齡化趨勢必更爲加劇，屆時如何改善城市狀況，使其能更符合高齡者的需求，進而影響高齡者生活模式，並營造出高齡友善的都市環境，將成爲世界潮流。

　　近年來，爲因應私人運具的大量使用而產生的諸多問題，世界各國已將「大眾運輸導向發展 (Transit-Oriented Development, TOD)」，列爲主要因應策略之一，並視爲土地使用與交通運輸整合的新都市發展模式，其TOD 設計理念，在當前不僅能保護自然環境，使都市朝向低碳化發展，並同時活化產業、增加就業機會，更能成爲未來高齡社會的因應對策。從高齡者之旅運行爲可發現，其在從事各項活動時（如參與宗教聚會、定期就醫、傳統市場消費等），皆需仰賴交通工具以達到目的，而 WHO (2007) 經由 33 個城市實證亦指出，大眾運輸有益於高齡化城市的環境發展，並強調需加強高齡者與群眾的互動，以促進老人積極參與社會活動，進而改善高齡者弱勢問題，最後提供更多的公民參與就業機會，進而呼應TOD 將成爲因應高齡社會的有效策略之一。

　　再者，從國外對於大眾運輸建設與環境營造觀之，已開始著手並致力於朝向高齡者需求爲導向的觀點，藉由提供足夠的設施，以滿足未來需求，如 Ronald (1996) 與 Parasuram 等人 (1998) 研究提出，大眾運輸設計不僅應提供硬體設施，更需對於高齡者之交通行爲，並以身心機能與需求特性爲導向，如此方能使社會維持永續發展；Boschmann (2013) 亦指出，TOD 步行環境與設施的舒適性，會明顯影響著高齡者使用大眾運輸的意願。世界衛生組織在 2007 年提出「Global Age-friendly Cities: A Guide」指南，提出「對高齡友好型城市」的設想，建立在世衛組織積極的高齡化框架的基礎上，積極高齡化是指優化健康的過程，以便隨著年齡的增長而提高生活品質。身處一個對於高齡友好的城市，從政策、服務、環境和結構正面等也都支持人們邁向高齡，因爲認識到高齡者具有各種能力和資

源，對與高齡化相關的需求和偏好做出切實的預測和回應，尊重他們的決定和生活方式選擇，並致力於融入社區生活的所有領域。由此可見，為因應將來高齡化所帶來的衝擊，大眾運輸環境設計，需充分考量高齡者的需求與科技對其所造成的身心健康影響，而了解高齡者對經濟、社會與文化的貢獻將有助於建立可持續發展的社會，亦將成為臺灣發展成高齡友善TOD 都市的主要課題。

臺灣 65 歲以上老年人口已於 2018 年 3 月介達 331 萬餘人（占總人口 14.05%），同時與亞洲其他鄰近主要國家相比，臺灣老年人口比率僅次於日本 (28%) 而與南韓 (14%) 相當，已正式成為「高齡社會」，使老人住宅、老人安養照護之需求逐年增加，尤其在人口集中且高度都市化的臺北都會區（臺北市 16.5% 與新北市 12.85%），此現象更趨於嚴重，加上近年來大臺北地區房價高漲，年輕人紛紛外移至衛星城鎮，也相對產生老年人獨居生活的現象，導致老年人獨自行動的機會與時間大為增加（示意圖如下圖 1-1-2），亦使都市中心的居住環境亦面臨嚴苛挑戰。尤其在人口集中且高度都市化的臺北都會區，此現象更趨於嚴重，但觀察臺北捷運當前大眾運輸建設，卻仍以較為多數的年輕族群需求為主要導向。

圖 1-1-2　高齡城市下大眾運輸使用者年齡結構轉變

依臺灣目前汽車使用年齡層分布情形，其高齡者使用汽車仍占18.74%，該比例隨著高齡趨勢不斷逐年增加，倘若如此，未來將無法因應高齡化所造成的乘客結構改變，亦可預期對於大眾運輸之老年乘客數量及比例勢必也逐年增加，屆時受經濟、社會、生理因素等影響（如下圖1-1-3），使得旅運需求類型有所變化。

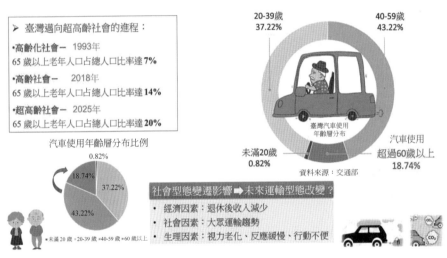

圖 1-1-3　高齡城市進程與衝擊

雖然國內亦有諸多 TOD 相關研究，但僅係從土地使用層面來影響民眾搭乘大眾運輸意願，尚停留在規劃者的角度，並未考量民眾真正的使用需求，更較少為探討大眾運輸環境所面臨之高齡化現象，且對於高齡者議題仍尚缺乏考量。然而，若僅以整體發展為主要考量，將極易與現況使用和民眾認知產生落差，亦將對日後高齡者使用大眾運輸系統造成重大影響，此時高齡化所帶來的高齡者人口急遽增加，加上高齡者因身體老化而無法再使用私人運具移動，將對都市整體交通環境產生衝擊，亦使 TOD 可持續發展理念被瓦解。由此可見，規劃 TOD 環境關鍵在於步行路網之物理特性與環境特性，以及將特徵因子對於一般民眾身心健康的影響，納

入規劃模型中完整考量，並結合高齡城市的特點及需求，探討如何規劃高齡友善環境，且在促進高齡者身心健康等方面城市還需要做些什麼？未來如何因應高齡社會所產生的衝擊，使臺灣朝向高齡友善城市與 TOD 環境永續發展，尚有諸多議題皆值得再加以深入探討。此外，由於高齡者身體機能已漸為老化，在體會大眾運輸環境的過程中將較為敏感，以致心理層面有所影響，因此如何進一步探討 TOD 步行環境對高齡者身心健康之影響因素，以及如何了解高齡者的流動、群聚與周圍環境配置之關係等，其情境示意圖如下圖 1-1-4 所示。

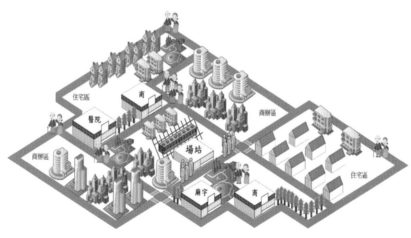

圖 1-1-4　高齡友善城市情境示意圖

　　因此，如何進一步評估以高齡友善為目標，其周圍土地使用該如何規劃，才能提升高齡者步行意願而達到最適土地使用配置，藉此降低一般民眾對於私人運具需求，並提升高齡者對於大眾運輸使用意願，最後落實臺灣發展高齡友善導向的 TOD 都市設計，進而從人的流動與群聚將民眾對於都市的體會轉變為連貫的認知，亦使人與空間產生認同感，以此改變高齡者對於運具使用習慣，進而影響人們與空間的互動方式，以因應未來世界潮流，亦為值得討論的議題。

第二節　大眾運輸環境效益與設計特徵

　　Ewing 和 Cervero (2001) 於美國 TOD 實證研究發現，TOD 可降低總人次和車輛總里程搭乘 3-5%。近年來 Belze 和 Autler (2002) 又將 3D 元素延伸爲 5D，進而說明 TOD 都市模式型態的內部結構特徵，如表 1-2-1 所示。

表 1-2-1　TOD 之 5D 內涵

5D	5D 元素內涵
Density（密度強度）	大眾運輸車站周邊土地高強度使用。
Diversity（混合使用）	大眾運輸車站周邊土地高度混合，結合居住、工作與休閒機能。
Design（人行導向都市設計）	人本爲主的街道設計，具有舒適與順暢的人行動線。
Distance（土地發展範圍）	以大眾運輸車站爲核心，以步行可及爲主要的土地開發範圍。
Destination（目的地遠近）	旅次起點與旅次迄點間之距離遠近。

資料來源：Belzer and Autler (2002)

　　大部分的城市都以 TOD 來擴大城市本身的運輸系統，以適應旅遊需求與增加可及性，Ratner (2013) 以丹佛爲例，探討丹佛都市化原因，研究結果發現，丹佛在 1997-2010 年期間利用軌道運輸系統之 TOD 特徵，提高了城市化平均密度程度，影響範圍包含增加 18 萬住宅單位、530 萬平方英尺的零售空間、540 萬平方英尺的辦公空間以及 620 萬平方英尺的醫療空間。Hyungun 等 (2011) 以韓國首爾爲例，進行 TOD 高密度城市研究，並以住宅密度、商業密度、辦公密度之總和，用來估算土地使用的建築物樓地板面積。

　　此外，研究利用土地混合使用組合指數來評估混合使用，並分爲兩種不同類型評估，首先以住宅區和非住宅區來評估指數與土地利用類型，另

一種是以住宅型、商業型、辦公型及其他類型，來衡量土地利用多樣性。並透過同時利用不同形式的街道和建築模式來衡量行人以及汽車駕駛之方便程度。Jun 等 (2012) 以首爾為例，發現就業人口密度越高和土地混合使用程度越高，有助於公共運輸發展；其研究顯示解決郊區高頻率的汽車使用在於提升公共運輸服務，並鼓勵 TOD 往郊區發展，研究建議政府可以實施獎勵措施，改善居住和就業之間平衡。

Olaru 等 (2011) 以澳洲西部城市作為研究對象，以商店、學校、醫療中心、娛樂設施和公共交通設施作為實證分析，討論哪些是 TOD 吸引民眾居住的因子，結果發現居住地越靠近城市和交通設施，居民越喜歡。研究顯示土地混合使用，住宅和就業密度以及良好的街道連結性和大眾運輸有助於減少人民對於汽車的依賴。Mu 和 Jong (2012) 認為，TOD 帶給中國快速都市化現象隨著 TOD 轉移至其他地區，以可持續發展模式提供都市成長並帶給城市擴張和民眾可及性提升，而政府應該同步提升城市景觀和步行環境。因此，TOD 應該搭配密集和多樣化的土地使用模式，提供良好的服務，同時限制汽車使用。本文彙整國內外對於 TOD 相關研究與實證效益討論如下。

一、國外 TOD 特徵 (5D) 相關實證研究歸納

國外 TOD 都市模式特徵 (5D) 所衍生的實質上效益，綜整相關文獻如表 1-2-2，包括：促進地區經濟發展 (Davis et al., 1999; Downs, 1999; Porter, 1997)、提高地方財政的收益 (Downs, 1999)、提高土地利用效率與價值、促進公私合作開發以減低開發成本 (Niles and Nelson, 1999)、提高搭乘大眾運輸的旅次數 (Porter, 1998; Davis et al., 1999; Gray and Hoel, 1992; Niles and Nelson, 1999; Thompson, 1999; Quade and Douglas, 1996)、刺激行人步行 (Handy, 1996; Moudon et al., 2006; Niles and Nelson,

1999)、減少私人運具旅次數 (Boarnet and Greenwald, 2000; Cervero and Kockelman, 1997; Steiner, 1998)、保護環境資源 (Belzer and Autler, 2002)、刺激內都市再發展 (Porter, 1997) 與提升運具選擇的公平性 (Crane and Crepeau, 1998; Mc Guckin and Murakami, 1999)。

表 1-2-2　國外學者對於 TOD 議題相關研究

模式特徵	實證議題	實證研究者	實質效益
土地 發展範圍 (Distance)	提高 TOD 規劃區域數	Downs (1999)	• 促進經濟發展與地方成長 • 提高財政收益
	以車站為發展核心	Porter (1997)	• 刺激中心商業區再發展
	離車站距離	Gray and Hoel (1992)	• 離車站越近，搭乘大眾運輸意願越高
密度強度 (Density)	提高住宅與就業密度	Moudon et al. (2006) Cervero and Kockelman (1997)	• 刺激行人步行旅次，減少小汽車使用旅次數
		Niles and Nelson (1999)	• 提高聯合開發的機會，促進公、私開發效益
		Porter (1998)	• 增加私人開發意願並促進開發價值
		Quade and Douglas (1996)	• 提高搭乘大眾運輸系統意願
	提高就業密度	Thompson (1999)	• 增加大眾運輸的搭乘旅次數
混合使用 (Diversity)	住宅與商業混合	Handy (1996) Porter (1997)	• 增加行人步行旅次 • 吸引商業聚集，促進地方經濟發展
		Niles and Nelson (1999)	• 吸引行人步行，增加大眾運輸的搭乘旅次數
		Quade and Douglas (1996)	• 增加大眾運輸系統通勤旅次數

模式特徵	實證議題	實證研究者	實質效益
		Mc Guckin and Murakami (1999)	• 女性大眾運輸旅次增加比例比男性旅次高
人行導向都市設計 (Design)	都市結構發展設計	Belzer and Autler (2002)	• 保護環境資源 • 創造城市內的環境品質
	格子型街道型態	Crane (1996, 1998) Crane and Crepeau (1998) Boarnet and Sarmiento (2000)	• 刺激行人步行意願 • 增加可及性 • 減少私人汽車的使用
	市中心停車限制	Steiner (1998) Thompson (1999)	• 減少私人汽車的使用 • 增加大眾運輸的搭乘數
	行人導向	Corbett and Zykofsky (1999)	• 吸引商業聚集與發展；增加大眾運輸的搭乘數

資料來源：Cerver(1997)、李家儂 (2009)

二、國內 TOD 特徵 (5D) 相關實證研究歸納

　　臺灣 TOD 都市模式特徵可以衍生實質上的效益，如促進地區經濟發展（廖偵伶，2008；李婉菁，2007；王葦，2009）、提升觀光產業（郭仲偉，2005）、提高土地利用效率與價值（李家儂，2008）、促進公私合作開發以減低開發成本（吳浩華，2009）、提高搭乘大眾運輸的旅次數（謝雲竹，2009）、刺激行人步行（蕭宜孟，2007；李家儂、羅健文，2006）、減少私人運具旅次（郭瑜堅，2003）。國內 TOD (5D) 相關文獻綜整如表 1-2-3。

表 1-2-3　國內學者對於 TOD 議題相關研究

模式特徵	實證議題	實證者	重要研究結果
土地發展範圍(Distance)	容積管制	林楨家、高誌謙，2003	都會核心型車站乘載量最高鄰里型車站生活環境品質最佳
	以車站為發展核心	廖偵伶，2008	旅運量決定土地使用總量供給與需求的交點是均衡點
	土地使用	李婉菁，2007	旅次分布情形與周邊土地使用型態相關土地使用強度越高則旅次分布越密集
		王韋，2009	建構捷運接駁公車路線走廊之土地使用規劃模式
		林更岳，2010	找出影響運量之客觀因素及於不同城市分群中之差異
	站區選擇	卓致瑋，2004	建構捷運接駁公車路線之地使用規劃模式
密度強度(Density)	景美捷運站周邊地區再發展	謝雲竹，2009	建構安全的人行路網系統和提供商辦機能以增加發展
	龍山寺商圈之影響	鄭婷文，2010	減少私人汽車的使用，增加大眾運輸的搭乘數
	提升觀光產業	郭仲偉，2005	加強宣導、改善候車空間、推動大眾運輸優先制度，提升觀光產業
	使用影響因素	蕭宇軒，2010	利用統計方法找出影響運量之客觀因素及不同城市分群中之差異
混合使用(Diversity)	交通運輸與土地使用	李家儂，2006	建構永續都市發展模式
		李家儂、賴宗裕，2007(a)	建構運輸與土地使用整合模型
		李家儂、賴宗裕，2007(b)	建構以永續發展為最終目標的層級結構
		林楨家、施亭仔，2007	運量受總樓地板面積正向影響混合使用變數的影響則不顯著

模式特徵	實證議題	實證者	重要研究結果
		李家儂，2008	建構臺灣 TOD 都市模式效益體系
		廖偵伶，2008	推估出高雄捷運紅線都會核心型三多商圈站 (R8) 及地區型小港站 (R3) 周邊各類土地使用型態所需總量
	公私合夥發展機制	吳浩華，2009	建立財務可行性評估機制擬定「系統技術＋公私合夥模式」之整合評估架構
	對臺北市房價影響	楊珮欣，2008	同街廓的住商混合對房價造成下降的影響，而相鄰街廓的住商混合使用使得住宅房價提升；且相鄰街廓混合使用種類越多，住宅房價越高
人行導向都市設計 (Design)	都市設計準則	蔡佳蓉，2004	藉由都市設計策略之提出本土化 TOD 設計準則
		馬英妮，2005	建立高雄捷運西子灣站的設計準則
	步行可及性	李家儂、羅健文，2006	步行可及性對大眾捷運系統旅次數有正面影響及相關性，提出人行道設計原則
	運輸系統技術比較	張學孔、呂英志，2007	歸納出適當的 TOD 規劃方向建構公車捷運都市發展策略
	公共空間改造	蕭宜孟，2007	友善行人公共空間、公車和捷運便捷性為高雄市所需元素
	人行空間使用感知	梁長呈，2010	發現「使用整體滿意度」、「整體景觀滿意度」、「整體空間氛圍滿意度」與環境規劃項目及環境知覺的提升，出現高顯著相關性

模式特徵	實證議題	實證者	重要研究結果
目的地 距離遠近 (Destination)	都市活動分布	林楨家、李家儂，2005	資訊越明確可提升大眾運具使用 提高活動間互動便捷性
	都市旅次成本	郭瑜堅，2003	臺北都會區每移轉 5% 之私人運輸旅次至大眾運輸，每日可降低 1.38 億元之旅次總成本 公車專用道對於公車路線長度比例每增加 10% 約需 524 萬元，但每日可降低 624 萬之旅次總成本
	步行可及性與旅次關係	李家儂、羅健文，2006	TOD 設計概念中步行可及性對大眾捷運系統旅次數有正面影響及相關性

資料來源：李家儂、謝翊楷 (2015)

第三節　高齡者大眾運輸環境與需求

聯合國將 1999 年訂為「國際老人年 (International Year of Older People)」，顯示國際對於高齡者的重視，同時發表了老人人權宣言，此宣言第三條「老人應享有適當地理位置、經過設計與價格合理的居住環境」，說明了設計一個適合高齡者的居住環境是重要的。首先，Ronald (1996) 研究以通用設計需求為導向提出，通用化七項原則為公平性、調整性、易操性、易感性、寬容性、省能性、空間性，大眾運輸系統應以全體使用者為服務對象，且以通用設計為主，高齡者與無障礙者之運輸需求也包括在其群體中。因此，大眾運輸必須以高齡者之需求為導向，提供足夠的設施以滿足未來的需求，且以高齡者身心機能特性與障礙上所反應的現象，即發生所需之行為後而產生對於需求的特性。Ronald (1996) 研究更認為，在大眾運輸系統中站點環境與服務人員的儀容，將對乘客搭乘意願造成影響；此外，其研究結果指出，服務人員具有專業知識，並且有禮貌、主動提供對於乘客的關心，將較容易能獲得乘客的信賴。而 Parasuram (1998) 研究指出，對於乘客應提供硬體設施與服務人員之可靠性、回應性、確實性、關懷性、有形性的服務品質。Marvin (2013) 之研究，對於服務需求水準，歸納出係由時間、使用者成本、安全性、使用者舒適性及便利性等幾個要素所組成。

Su (2009) 認為應提供專門服務，如復康巴士，有專業人士協助從出發地至目的地之移動與上下車服務，以減少自行至轉運站路徑中所遇到的障礙。提供專門服務的機構，可依高齡者需要的運具配合其時間，提供高齡者大眾運輸的服務，並以不同的語言選項，方便高齡者進行溝通 (U.S. Department of Transportation, 2003)。Eric (2013) 研究認為 TOD 內部環境或附近環境，設施的舒適性對於年長者在使用大眾運輸交通及行走上，確實會有一定的影響，由於高齡者的身體狀況每況愈下，步行到交通站與站

之間的路徑是一個很大的問題，高齡者對於時間較有掌握性，多增加車站間的密集度，可增加高齡者使用公共交通的意願 (Su, 2009)。規劃適合高齡者的行走道路，可減少危險的發生。改善巴士站周圍的環境與道路措施，例如：標示行走所需的時間與距離的資訊看板與尋路標示牌，並規劃方便行走的交通網絡，這些設計與措施，能使高齡者有活動的空間，與獨立旅行的能力 (Jessica, 2012)。因此，Suzanne (2012) 研究認為，在設計高齡者搭乘大眾運輸運具時，應考慮高峰期與非高峰期的通行時間，並以15 分鐘、30 分鐘、30 分鐘以上作為候車時間分類，過長的候車時間，會降低年長者搭乘的意願。

Keijer (2000) 研究，探討荷蘭居民搭乘鐵路運具，從出發地到鐵路車站或者是鐵路車站與另個運具間之轉乘接駁運具，其研究指出當旅行時間很短時，接駁運具班次的頻率是旅客影響選擇運具的重要的變數。Tom (2009) 認為大眾運輸提供高齡者優惠的票價，會提升高齡者的使用意願，優惠的票價能促使富裕的退休人員捨棄自有小型車運具的使用，改搭大眾運輸運具；對於收入較低的年長者，能改善生活的品質，減少社會對他們的排斥，感受到社會的包容性；友善的環境是社會包容性的一個基本要求，票價優惠可以使交通設施改善，高齡者可以感受到良好的生活品質。此外，在高齡者身體機能中，視力、聽力、觸覺、靈巧度、活動力、認知力等，為高齡者在使用大眾運輸時的生理方面影響。然而，老人隨著年齡的增長，生理機能降低，如糖尿病、關節炎，最特別的是，老年痴呆症／阿茲海默症和藥物使用，為了彌補這些變化，許多高齡者因而修改駕駛行為 (Kelly, 2010)。而繼續研究車輛和道路的設計，以及駕駛員的教育和測試，將可以提高駕駛員的安全 (David, 2004)。

高齡者生理機能分為視覺（老花、視覺反應時間、對光線的感應力降低）、聽覺、步行速度、平衡機能、骨骼系統及疾病和各種器官功能退化，高齡者生理機能隨年紀漸長，影響行動力與反應能力因素越大（沈添

財等人，2003）。然而，視覺上的退化（如老花眼、白內障、青光眼），會影響到高齡者對來車看不清楚、無法辨識引導圖示或是錯看交通標誌、號誌和標線（陳佑伊，2006）。此外，生理特性則會造成高齡者的視力範圍縮小，不易注意到左右來車；聽覺退化造成對交通號誌的反應時間變慢，易造成潛在威脅；而身體機能的退化，除了行動能力隨之下降，慢性疾病也容易造成步行的不方便，進而增加發生交通危險的機率（謝明珊，2007）。

在心理機能方面，主觀的意識感覺、客觀的行為衝擊，通常使得高齡者於精神上的困擾更甚於身體上的困擾（沈添財等人，2003）。然而，黃兆鉑 (2006) 認為，心理機能會影響高齡者之記憶力漸漸衰退、注意力不集中、易發生事故、反應遲緩；而謝明珊 (2007) 則指出，反應力方面，高齡者面對複雜的交通資訊，容易猶豫不決，造成交通傷害；注意力方面，高齡者面對複雜的交通環境，注意力不易集中；記憶力方面，高齡者記憶力降低，出門容易迷路。

高齡者的經濟問題，會隨著年齡的改變而有所變動，而高齡者的社會角色問題，易使老人被遺忘與社會隔離（沈添財等人，2003）。此外，經濟地位改變、社會地位改變與經濟較薄弱，將使高齡者產生自卑、猶豫、沒信心等心理變化，進而造成高齡者之運具的選擇產生變化（黃兆鉑，2006）。而環境的不適應、對新事物的不熟悉、緊張、焦慮與不安等，對於環境的不熟悉與改變，科技的進步與時代的變遷，生理的不變與行動緩慢，更是造成心理影響的因素（徐淵靜、周依潔，2011）。可見高齡者社會經濟特性使高齡者搭乘大眾運輸工具時無法接受新訊息及新知識，害怕不斷更新的都市，適應能力降低（謝明珊，2007）。高齡者隨著年紀的增加，對於生理機能、心理機能以及社會特性等皆會有所改變，基於上述諸多國內外相關文獻，本文將其特性與大眾運輸影響及改善方式，整理如表1-3-1 所示。

　　經國內相關文獻回顧發現，早期所定義之大眾運輸需求服務水準基本結構，包含如安全性，快速性、舒適性、其他性，而在高齡者特性所需要的四個面向，包含安全性、舒適性、移動性、方便性及其他性。此外，尚有相關研究分析歸納出，可靠性、有形性、便利性、確實性及服務性等五個相關滿意度因素構面，並顯示信度相當高。首先，在安全性之系統可歸納為適當的道路設計、加強路段安全防制、設計適合的交通設施、發展安全易使用的運輸工具與推廣交通安全教育，在大眾運輸系統服務水準評估中應把安全性以事故率、犯罪率之選項、逃生安全、無障礙設施與站內資訊是否標示清楚等為評估依據。方便性之系統可歸納為選擇運輸系統連結的區位、清楚易懂的乘車資訊、到捷運站的時間短、到捷運站便利、到捷運站的距離適當與捷運站周遭停車方便。時間性之系統可歸納為良好的動線系統、完整的道路資訊，並應把班距、速率、延滯時間、準點率、候車空間、候車環境方面與購票方便、進出站快速等選項納入評估。而其他性之系統可歸納為金錢、非金錢、義工，在大眾運輸系統服務水準評估中應把乘客申訴事件比率、站內服務商店與服務項目是否足夠等納入選項評估。最後為舒適性方面之系統，可歸納為人性化的道路系統、舒適且完善的生活環境、良好的候車空間及轉乘設備、高品質的乘車服務；此外應把舒適性分類為加減速變化率、平均乘載、溫度、噪音、車子行車平穩、行車安全、車內環境與空調等選項納入評估（張有恆，2009；蘇恆毅，2000；謝明珊，2007）。

表 1-3-1 高齡者身心機能特性與障礙綜整表

文獻	特性	項目	大眾運輸影響／改善方式
Cambridge, Massachusetts (2003)	生理特性	(1) 視力	夜間視力的變化 眩光的敏感性、色覺的變化 增加夜間顯示器，減少側面碰撞
		(2) 聽力	行車時的聽力降低 增加提醒顯示功能
		(3) 觸覺和靈巧	手指與細部感覺不靈敏 增加輔助之設備
		(4) 活動力	關節退化，行動不便 增加無障礙手扶梯與電梯設備
		(5) 認知力	反應時間慢、在陌生環境搭乘運具 降低長期記憶
文獻		衡量構面	內涵
Mace(1996)	心理特性	(1) 公平性、(2) 調整性、(3) 易操性、(4) 易感性、(5) 寬容性、(6) 省能性、(7) 空間性	以通用設計概念爲基礎，而大眾運輸系統之障礙環境空間，觀念是使障礙者使用交通運具、場站、場站周遭環境以及附屬設施，均能去除其障礙
Parasuram(1998)		(1) 可靠性、(2) 回應性、(3) 確實性、(4) 關懷性、(5) 有形性	廠商對於乘客應提供硬體設施與服務人員爲服務導向，達到消費者與使用者整體的滿意度
Marvin(2013)		(1) 時間、(2) 使用者成本、(3) 安全性、(4) 舒適性、(5) 便利性	對於乘客在運輸需求服務水準之服務屬性中，硬體設施、軟體設施及服務人員須達到符合使用者需求及滿意度
張有恆 (2009)		(1) 安全、(2) 快速、(3) 舒適、(4) 其他	維持捷運系統的高服務品質之概念下的評估

文獻		衡量構面	內涵
蘇恆毅 (2000)		(1) 可靠性、(2) 有形性、(3) 便利性、(4) 確實性、(5) 服務性	大眾捷運系統服務品質、顧客滿意度
謝明珊 (2007)		(1) 安全、(2) 舒適、(3) 移動、(4) 方便	以高齡者的運輸特性為考量，提出整體的設施，作為設計的考慮方向
大眾捷運法 (2012)		(1) 安全、(2) 快速、(3) 舒適	以消費者的服務品為宗旨，滿足使用者的各項設施

一、舒適性可分為：高齡友善的運具、專門服務、博愛座、運輸司機等四項

　　公車系統改善應包括車內空調系統的彈性調整，以及低底盤公車引進與配置，並且應設置敬老車廂，站立時考慮把手的高度與相關輔助攙扶設施的設計（陳昌益，2001；陳佑伊，2006）。徐淵靜、周依潔 (2011) 認為，設計大眾運輸要素需考量標誌與標線設置區位、設計尺寸、顏色對比與亮度、資訊應簡單易懂、設置數量之連續性與重複性，以及緩衝區如轉運站之指示。陳佑伊 (2006) 認為，年輕人占用博愛座的問題及改善大眾運具的博愛座設計，應考量高齡者的行動能力，座椅的尺度與舒適度是否合宜。徐淵靜、周依潔 (2011) 研究認為，捷運車廂內之座椅應考量尺寸，博愛座應容易辨識，如以顏色區分或設置於門旁，特殊使用者座椅之設置數量與輔助設計，如把手及握把，都應納入設計考量。並且老人重視司機或服務人員之態度是否友善，而高齡者對於友善的司機感受度高。潘佩君 (2012) 認為公車司機的服務態度，可透過管理層面上實行，如要求開設服務訓練課程，司機有禮貌的服務，願意多花點時間聆聽高齡者的需

求，高齡者有被尊重的感覺，乘車過程心情也較為愉快，有鼓勵高齡者利用大眾運輸工具之效果。此外，行車穩定性對於體力與行動能力較差的高齡者易產生不適，加強駕駛員訓練，以提高公車行車穩定性（紀秉宏，2010）。

二、安全性可分為：安全與舒適、交通運輸場站、道路等三項

　　在設計交通運輸的部門，應該更加去了解老人與身心障礙者外出的時間與方式，在尖峰時間造成的擁擠，應以社會整體觀點探討，改善在尖峰時間造成的擁擠和遲到公車的表象，對於整體老人與障礙者才有更具體的幫助（潘佩君，2012）。尖峰時間所造成的擁擠現象對於高齡者搭乘大眾運輸系統，在安全上是很重要的環節。持續維持站內與車內環境舒適，落實嚴格管制顧客違規事項，以維持捷運之安全與整潔（蘇恆毅，2000）。設置月臺安全屏障，與原本排隊等待之人潮與屏障間之空間，既可規劃為月臺淨空走道，使障礙者無須穿越眾多人潮，並可以快速到達另一端之無障礙設施（朱君浩，2002）。高齡者轉乘環境設施的規劃，應注意尖峰時間所產生的人潮衝擊，可減少場域的擁擠，提供高齡者使用交通運輸場站的安全。而在大眾運輸場站的配置需要與居民的生活路徑產生關係，可在交通寧適區設置大眾運輸場站，使社區居民獲得舒適的居住環境（杜菀甄，2004）。此外，高齡者高頻率發生交通事故道路型態以交叉入口為主，發生比例超過五成，顯示過於複雜的交通道路，對於高齡者是危險的區域（張銘峰，2011）。魏建宏、徐文遠 (1997) 認為，道路設計應依老人之生理及心理之特性考慮坡道、彎道、交叉路口轉彎車道及照明設備，行人穿越道須注意寬度及坡度，並加上護欄之設計。

三、便利性可分為：資訊、停車場、社區交通等三項

　　張瓊文 (2011) 認為，高齡者旅運設施之資訊系統（簡易預約、資訊標示設施等）的完善，可增加高齡者的移動性。而高齡者在尋路過程中應簡化走到交會處的資訊量，以方便高齡者閱讀，可減緩高齡者失去方向的機率（李佳安，2009）。政府可與客運業者合作，提供高齡者方便取得行車資訊的管道，增加運輸資訊手冊，並於社區服務中心或是高齡者常活動的地點，安排志工協助高齡者了解如何使用資訊手冊，幫助高齡者查詢運輸資訊（謝泳興，2009）。大眾運輸場站應設置停車場，以利轉乘乘客的停車需求，並有良好的經營管理（黃建昌、阮維德，2011）。

　　此外，黃祥瑋 (2004) 認為，轉運站停車場可使得轉運站有更多元的使用連結，如社會服務、旅遊服務、休閒娛樂等。在停車場管理部分，應避免非身心障礙與高齡使用者的占用，加強管理維護（蔡昱欣，2011）。停車空間設置監視系統，方便發現高齡者停車時所需要輔助的地方，必要時可設立專門服務人員提供上下車與進出場站的服務。無障礙停車位應設於最靠近建築物無障礙出入口或無障礙升降機之便捷處，車道入口處及車道沿路轉彎處應設置明顯之指引標誌，引導無障礙停車位之方向及位置（內政部建築研究所，2008）。高穗涵 (2009) 提出，可偏離路線至特定地點服務預約旅客之社區巡迴公車，此服務設施可依高齡者需求，計畫安排於原本公車或大眾運輸所不足的地方，增加臨停靠站的設施，方便高齡者搭乘。

四、時間性可分為：可靠性與頻率、旅遊目的地等兩項

　　任何交通系統都要要求交通時間的精確度，以確保老人與障礙者以

及外出者時間的彈性（潘佩君，2012），交通時間的精確度，會對大眾交通使用者時間的控管有顯著的影響。而捷運車站與其他交通工具之接駁，應設計有良好的連結，並增加班次之頻率，可提高搭乘捷運的意願（蔡昱欣，2011）。並且完成其他捷運網絡、整合公車路線、整合站場及資訊，與轉乘公車、計程車做統一票價整合，以增加顧客轉乘方便性（蘇恆毅，2000）。

五、其他性可分為：可負擔性、計程車、駕駛能力等三項

孔正裕 (1999) 研究臺灣地區敬老乘車優待方案時認為，高齡化社會必須給予老人安全便利及有尊嚴的乘車環境，敬老乘車優待的措施，能讓高齡者在使用交通設施及運具時，心靈獲得被尊重的感覺，而此福利措施也減少了高齡者退休後經濟的負擔；杜宗翰 (2009) 研究指出，適度地補助免費搭乘交通運具，可鼓勵老人及身心障礙者多往戶外活動，並提高其乘車時的尊嚴，以優惠的票價措施，表現出對於老人在整個乘車的氛圍上有了基本的尊重感。

此外，計程車具有較高的行車穩定性及可行性，並且具有較低的行車擁擠性與等待時間（紀秉宏，2010）。高穗涵 (2009) 認為，DRTS 需求回應服務，是營運模式開發一套乘客預約派車系統，透過電腦系統與語音系統，配合計程車運具管理，能接受臨時訂單以及服務時間之要求，可使高齡者獲得完善且多元的運具服務；曹雅博 (2006) 則認為，公路大眾運輸轉運接駁運具，加入計程車共乘之政策，將可提供低價且短旅時間的服務；杜宗翰 (2009) 研究亦認為，搭乘計程車對於高齡者具有舒適並便利的優點，可提供輪椅族群等使用，對於較無負擔能力者，提供補助或是優惠，可給予高齡者與身障者實質的幫助。而公車司機在於駕駛運具時，如

　　果行駛速度過快，會造成高齡者搭乘時有緊張與壓力的產生，相對地，行駛速度越快，對於煞車的頻率與緊急煞車之動作危險性，也會造成危險與高齡者心理的緊張（黃兆鉑，2006），運具駕駛者如果能有穩定的駕駛習慣與能力，會使高齡者搭乘運具時有舒適感與安全感。

第四節　高齡友善步行環境之土地使用與身心健康

　　Zhang 和 Wang (2013) 以北京為例，探討 TOD 對於土地開發的影響。其研究發現，投資大眾運輸對於土地開發有正面顯著影響。此外，研究也呼應國際經驗，有了大眾運輸，不一定會有土地開發現象產生，土地開發主要因素取決於區域發展和場站選址條件。而研究顯示軌道交通與土地開發的綜合規劃和設計是交通投資的回報 (return) 最大化。Mathur 和 Ferrell (2013) 以加利福尼亞州聖荷西 (San Jose, CA) 為例，以統計迴歸分析探討 TOD 對於單一住宅房價之影響，在土地使用配置上其研究發現若住宅和 TOD 場站之間距離縮短 50% 可以增加房價 3.2%，若住宅和 TOD 場站距離達到 1.6 公里，TOD 就不會影響到房價。

　　Alpkokin (2012) 以伊斯坦堡 (Istanbul) 為例，研究發現 BRT 帶給該州長期潛在的土地開發模式。BRT 提升該地區的可及性，帶動新住宅區之土地開發機會，同時提升土地價值。Deng 和 Nelson (2013) 認為若政府有財政預算考量，可採用經濟實惠的 BRT 快捷巴士方式來解決，其具備高品質的服務及成本效益優勢，例如：北京使用快捷巴士 1 號線大大提升快捷巴士路網沿線之城市社區便捷性，使南部地區交通問題大幅改善。其研究結論顯示：(1)BRT 比傳統公車路線可以提供更高的載客量與更舒適的服務；(2)BRT 可能改變旅行行為，而 BRT 更是改善當地交通之重要系統；(3) 重要的 BRT 場站對於住宅業者會產生正面吸引效果；(4) 大眾運輸場站本身設計需要改善。

　　Jiang 等 (2012) 以保護 (protection)、舒適 (comfort)、享受 (enjoyment)、直接 (directness) 作為評估指標。保護指安全性之交通安全風險，用來衡量行人走在人行道上是否安全，研究結果發現，低於三分之一人民認為行走在人行道上是安全的；舒適是指人行道方便行走程度，包

含無障礙概念、人行道品質和道路整潔程度；享受是指審美觀，大約 70%
民眾滿意林蔭大道人行道；直接指人行道彎曲程度，直接利用工程測量方
式來取得數據，研究結果發現，人行道平均係數為 1.59、林蔭大道走廊平
均係數為 1.36、道路走廊平均係數為 1.33，代表行人必須多花費 17-20%
時間才能到達車站。此外，Frank 等 (2010) 研究指出，居住在步行環境
的社區中，只要步行或搭乘大眾運輸 2-3 次以上，將可減少汽車使用達
58%。可見街道連結性和混合土地使用因素也會影響居民步行意願，而居
住於步行和騎自行車之社區中，則可以降低汽車使用，交通擁擠問題可以
獲得改善，有助於建立更多密集混合土地發展。Marwan 和 Robert (2012)
研究發現，當階梯變陡或步行者年齡增高時，行人步行速度會變慢，包含
不同層次的人行道設計、服務水準、路面坡度、護欄、車站等，也可透過
人行道設計結合周邊土地使用來預測鄰近商業發展。

　　此外，國外亦有諸多對於步行研究指出，如 Bitgood, S. 與 Dukes, S.
(2006) 研究在公共環境下的行人運動速度和軌跡，例如在購物商場的行
人運動顯示出，購物者會最小化到達目的地的距離。如 Finnis 和 Walton
(2008) 研究指出，行人群體組合會走得比個人還要慢。而 Bakeman 和
Beck (1974) 記錄了在各種空間（如餐廳、圖書館或商場）中的群體組合，
研究顯示出除了在圖書館幾乎是單獨一人以外，其他的空間均是以兩人
的群體組合為最多。Finnis 和 Walton (2008) 研究實證指出，行人的步行
行為可以區分成兩個自變數：速度 (walking speed) 和軌跡 (trajectory)，其
中行走速度更是一個設施的規劃和評估的重要變數。Willis (2004) 研究認
為，若要微觀地側重於個體行人的行為則需要宏觀的方法，亦即需要一個
大的群體作為觀察對象。另外雖然已經開發了人流模擬情境與個體的行人
行為，但對於行人的組合與步行的速度、軌跡卻仍然缺乏；此研究也顯示
出行人群體組合 (groups) 會走得比個人 (individuals) 還要慢。Batty (1997)
研究認為，如果預估步行模式是個基本問題，則其應該聚焦在行人於街道

上的利用爲何？並可由此推論出這個問題有助於我們更了解行人的行爲模式與都市環境間的關係。

　　除上述 TOD 環境與土地使用相關議題，進而衍生彙整 TOD 環境與使用者身心健康相關研究，如 Jones 等 (2012) 研究發現，大眾運輸是決定健康的重要因素之一，此外優惠的票價更是促進年輕人和老人多搭乘大眾運輸之誘因。倫敦實施許多提升民眾健康之運輸政策，例如大倫敦管理局 (The Greater London Authority) 在 2005 年提供 12-16 歲之青少年免費搭乘巴士；2006 年開始，提供 18-19 歲青少年在就學或就業上免費搭乘巴士，用來幫助年輕人繼續學習，改善就業和推廣使用公共運輸。Samim 等人 (2009) 認爲交通運輸系統可以解決旅行時間、擁擠、安全、能源、環境問題和增進民眾健康，且發現以 TOD 結合土地使用與建成環境之政策，每當減少 1% 汽車使用，可以減少 4% 肥胖程度。此外，其他關於步行對身心影響之研究 (Mountain and Raper, 2001; Li and Hodgson, 2004; Millonig and Gartner, 2007; Bian, 2004; Daamen, 2004; Hoogendoorn and Bovy, 2005; Horner and O'Kelly, 2001; Spek, 2006; Galea, 2003; Helbing et al., 2005; Zheng et al., 2009) 等，研究主要分析內容都是在探討行人移動的停止地點或區位，亦即這些地點或區位通常對行人在生理上、心理上或社會實際限制（例如路燈、路障或叉路等）造成阻礙而使行人停止。

　　Hidalgo(2013) 研究認爲使用汽車所產生的空氣汙染和死亡有直接的關係，研究建議可透過《波哥大宣言》(Bogotá Declaration)，對於客運和貨運之活動做資源重新分配，並且以低碳快捷之交通工具爲優先考量；最後研究結果提出拉丁美洲所實施的城市交通可持續方案：(1) 避免不必要的旅次產生；(2) 鼓勵個人多騎乘自行車和步行；(3) 提升交通技術和導入交通管理方案，如下表 1-4-1。

表 1-4-1　城市交通可持續方案彙整表

方案	策略	內容	案例
避免長途和不必要的旅次	高密度和混合用途城市發展	改造歷史街區和市區	重建歷史悠久的市中心 (Quito)、都市更新 (Guayaquil)
		總體規劃，整合土地使用和交通規劃	城市規劃 (Rosario)、全面計畫 (Colombian)
	利用科技技術，以減少旅次	遠程工作，虛擬會議	各國之間視訊會議
減少使用私人運具，多多步行和騎乘自行車	改善設施，多多騎乘自行車和步行	恢復被入侵的人行道和公共場所	市中心行人專用區 (Santiago)、行人專用街道 (Buenos Aires)
		海濱人行道設計	海灘（里約熱內盧）
		自行車道	智利、波哥大
	改善公共交通系統	BRT	墨西哥
		整合系統	聖保羅、聖地亞哥
		地鐵	聖地亞哥、聖保羅、里約熱內盧
		纜車	里約熱內盧
	減少私人運具使用	燃料稅	高燃油稅（秘魯、巴西、烏拉圭、巴拉圭、哥倫比亞、智利）
		行政限制（車牌號碼）	奧爾托、聖保羅、聖地亞哥
		城市通行費	聖地亞哥
提升交通技術和導入交通管理方案	清潔和低碳的燃料	消除鉛含量，降低硫含量，使用生物燃料	所有拉丁美洲國家不使用鉛
	清潔和低碳汽車安全汽車和道路	燃油經濟性標準	墨西哥
		混合動力汽車（內燃機電），無軌電車	瓜達拉哈拉，墨西哥
		拉丁美洲新車評估計畫	巴西、阿根廷和墨西哥

方案	策略	內容	案例
	指揮與控制改進管理	空氣汙染物控制	智利、墨西哥、哥倫比亞
		控制交通路網，集中調度	巴西

資料來源：Hidalgo and Huizenga (2013)

　　高齡者在社會中扮演著照護幼兒與傳承經驗的重要角色，但科技的進步卻使高齡者在社會上逐漸成為弱勢，且科技進步並非絕對讓高齡者感到舒適與方便，而在全球高齡化與都市化的趨勢下，高齡者特別需要友善且便利的生活環境，以彌補對社會與自身生理變化所帶來的不便。但是，當前都市研究多以宏觀層面進行探討，尚無法探討高齡友善城市的特點及需求為何，而在促進高齡者身心健康等方面，城市又該如何改善，才能因應大眾運輸導向發展 (Transit-Oriented Development, TOD) 發展。

　　因此，本文後續為建立臺灣高齡友善 TOD 環境之評估指標，首先將 TOD 設計理念與高齡者步行需求相結合，以臺灣都市環境為研究對象，並以模糊德爾菲法界定出 TOD 高齡友善指標面向，進而擬出高齡友善 TOD 環境特徵，藉此從高齡者的角度探討其對於友善環境之喜好，以供未來發展高齡友善 TOD 都市之參考依據。但如此雖能提供臺灣朝向高齡友善都市發展之方針，但亦僅著重於都市尺度，尚未考量到 TOD 環境對於高齡者的個體影響，需進行高齡友善 TOD 步行環境對高齡者身心健康之影響因子，首先以空間型構法則 (Space Syntax) 為基礎，加入物理特性與環境特性，並以臺北捷運站點為研究對象，透過 TOD 步行路網結構之分析，進而探討 TOD 高齡友善指標對於高齡者個體影響要素為何，在過程中充分考量高齡者個體需求，供後續研究反應到 TOD 環境中應用，以研擬出因應 TOD 高齡化之發展對策。

第二章　高齡者對大眾運輸使用
　　　需求與關鍵因素

　　隨著經濟逐漸成長與生活環境不斷改善，科技的進步更帶動醫療系統獲得提升，讓人們的壽命得以不斷地延長，但卻也造成人口結構產生重大的變化，進而改變了人口的年齡比例，以致社會上高齡人口逐漸變多。就全球人口結構而言，各國皆已邁入高齡社會。現今家庭結構通常係以小家庭為主，此社會的變遷讓許多的雙薪家庭無法陪伴與照護老年人生活上的需要，導致老年人獨自行動的時間逐漸增加，致使獨居的老年人也相對變多。因此，老年人生活環境與需求應有較多的考量，使得老年人能夠健康且便利於其生活環境中，如 Coughlin (2009) 所言老年人的各項活動行為（如高齡者於日常生活的需求、休閒娛樂、出門旅行、醫療等）都必須仰賴交通工具來達到目的，其中大眾運輸的可及性、便利性與安全性，對於高齡者之交通需求而言被認為是最重要的因素，且必須考量是否符合高齡者的需求。但觀臺灣的大眾運輸發展，早期為城際之間的臺鐵系統為主，可到達的站點相當有限，雖然現今臺鐵系統已普及北中南各地區，但在搭乘時間上車站與車站之間的距離、步行的便利性與乘車環境等仍有很大改善空間。而隨著經濟發展與都市化，大眾運輸捷運系統的興起已然成為更便民的交通工具，但對於居住在都市以外的高齡者而言卻又面臨更嚴重的課題，如 Ward (2013) 研究所言居住在英國鄉村的高齡者，在社會上被排擠的現象已相當嚴重之問題。

　　近年來，國外諸多研究亦開始重視高齡者的交通環境議題，如 Su Fengming (2009) 以高齡者身體機能的變化，進行大眾運輸場站間步行路徑的研究，發現步行路徑對於高齡者使用公共交通的意願有實質的增加；又如 Bachmann (2013) 研究發現 TOD 內部環境或附近環境設施的舒適性，對於高齡者使用大眾運輸確實有一定的影響，故需改善巴士站周圍的環境與道路措施，如標示行走所需的時間與距離的資訊看板及尋路標示牌，並規劃方便行走的交通網絡等。但是改善硬體設施是否就等於確實改善了環境？如 Kaiser(2009) 所言改善硬體設施，可以改善高齡者行走的流動性技

術性問題，克服了高齡者的生理與環境障礙，但這些設施並不能保證高齡者的生活品質就相對地提高，更多的問題有可能是情緒的問題與社會關懷上的需求等問題，如 Park et al. (2010) 研究結果指出居住在鄉村的高齡者如果經濟收入較低，對於搭乘大眾運輸確實有相當的困難，因此對於貧困者的需求問題，應考量居住地與就業或主要活動之間的地理位置 (Blumberg and Manville, 2004)，以方便高齡者使用大眾運輸。

　　為求提升高齡者搭乘大眾運輸的便利性與安全性，在友善搭乘環境的理念下，本文一部分著重於探討高齡者對大眾運輸環境之需求，並針對大眾運輸系統之現況探討且考量高齡者於搭乘過程中所面臨的困難，如資訊不清等問題，再進一步提出衡量項目，檢討現有的環境設施需加強或新設項目，以滿足高齡者使用上的便利與舒適。本文以大臺北地區之高齡者為研究對象，首先回顧高齡者需求的相關文獻，再透過問卷設計與發放，以進行因素分析與建構效度，以此得到高齡大眾運輸需求與環境關鍵影響因素，期望能提供臺灣發展高齡友善環境之參考。

第一節　高齡友善大眾運輸環境系統

　　大眾運輸環境為交通運輸車站及周遭所涵蓋的範圍，根據《發展大眾運輸條例》第二條對於大眾運輸之定義：「所稱大眾運輸，係指具有固定路線、固定班次、固定場站及固定費率，提供旅客運送服務之公共運輸。」如張有恆 (2009) 認為大眾運輸係具有固定的場站、於一都市內及其附廓衛星城市，有固定班次密集運量大、費率與路線受政府管制，並供公眾乘用的一切運輸工具，如計程車、公車、捷運系統等。而大眾運輸事業，係指依法成立，並從事國內客運服務之下列公、民營事業：(1) 市區汽車客運業、(2) 公路汽車客運業、(3) 鐵路運輸業、(4) 大眾捷運系統運輸業等。大眾運輸場站為提供大眾運輸工具停靠的空間，以及方便高齡者上下運輸大眾運輸工具的構造物，不同運輸場站包含公車、汽車、鐵路、高鐵、捷運、計程車、社區巴士、復康巴士等固定班次路線及費率之交通運輸工具，其中社區巴士、復康巴士與計程車可提供高齡者方便舒適地抵達轉運站。

　　高齡大眾運輸需求環境包括運輸場站、交通運輸工具、環境與設施，如圖 2-1-1 所示，運輸場站為公車轉運站、客運轉運站、火車站、高鐵站、捷運站為研究之場站。環境與設施經文獻回顧後整理為道路、安全乘車環境、停車場、無障礙空間、博愛座、資訊、旅次目的地、可靠性與頻率、可負擔性、專門服務、司機與駕駛能力，以此針對高齡者的旅運特性，進行大眾運輸環境評估指標之建構。

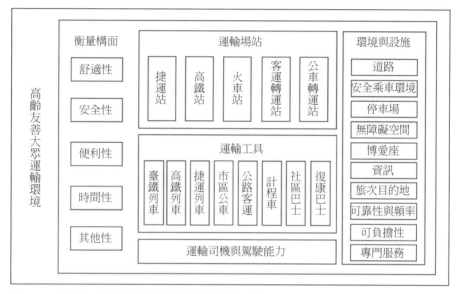

圖 2-1-1　高齡友善大眾運輸需求環境範圍與架構

一、高齡者之定義

　　根據我國《就業服務法》第二十四條：「負擔家計婦女、中高齡者、殘障者、原住民、生活扶助戶中有工作能力者、其他經中央主管機關認為有必要者。」其內涵為保障以上之人員在社會生活所受之就業權，可謂之在社會處於弱勢之族群。且就社會居住之權利而言，我國《住宅法》第四條：「低收入戶、特殊境遇家庭、育有未成年子女三人以上、於安置教養機構或寄養家庭結束安置無法返家，未滿 25 歲、65 歲以上之老人、身心障礙者、原住民、災民、遊民、其他經中央主管機關認定者。」上述具有特殊情形或身分者，在社會處於弱勢者應保障其居住的權利。蔡惠華 (2002) 認為當今社會中，單親家庭、原住民族群及老年人口視為弱勢族群，且年紀大的人、行動不便者、外國人、幼兒、孕婦等，都可謂之弱勢族群（鍾宜庭，2009），故高齡者為弱勢族群之人員。

　　高齡者的定義詮釋眾多，許佳雯 (2011) 將高齡者解釋為日曆年齡、生理年齡、心理年齡以及功能年齡，依法定年齡或是生理學為分野高齡者年齡的依據，在《老人福利法》第二條規定：「本法所稱老人係指年滿六十五歲以上之老人」。聯合國人口的年齡統計年鑑三分法，65 歲以上即為老人。陳正雄 (2006)、王英哲 (2009) 在年齡差異上為高齡者定義為 65 歲以上之老人，由國內外的法令與文獻得知，65 歲以上成為國際間常用的老人年齡分界，而我國亦是以此作為劃分的標準，因此本文所謂高齡者其年齡即界定為 65 歲以上者。

二、高齡者身心機能特性與障礙

　　Gardner (2003) 認為視力、聽力、觸覺和靈巧、活動力、認知力為高齡者對於大眾運輸在生理方面的影響。心理機能特性方面：主觀的意識感覺、客觀的行為衝擊，通常使得高齡者於精神上的困擾更甚於身體上的困擾（交通部運輸研究所，2003）；交通特性使用者在交通運輸使用上之心理特性方面的影響，包括對於新環境的不適應與對新事物的不熟悉而造成的緊張、焦慮與不安（徐淵靜、周依潔，2011）。社會經濟特性方面：經濟地位改變、社會地位改變會造成高齡者對於運具的選擇，經濟較薄弱、自卑、猶豫、沒信心（黃兆鉑，2006）；謝明珊 (2007) 認為高齡者社會經濟特性使高齡者搭乘大眾運輸工具時無法接受新訊息及新知識、害怕不斷更新的都市、適應能力降低。

三、高齡者大眾運輸需求與環境品質

　　舒適性方面可歸納為人性化的道路系統、舒適且完善的生活環境、良好的候車空間及轉乘設備、高品質的乘車服務（謝明珊，2007）。但張有恆 (2009) 認為大眾運輸系統服務水準評估中應把舒適性分類為加減速

變化率、平均乘載、溫度、噪音之選項，進行評估。並應考量車子行車平穩、行車安全、車內環境與空調（蘇恆毅，2000），以及服務廠場所、設備與服務人員的儀表 (Mace et al., 1996)。

　　而在安全性方面可歸納為適當的道路設計、加強路段安全防制、設計適合的交通設施、發展安全易使用的運輸工具、推廣交通安全教育（謝明珊，2003）。張有恆 (2009) 認為大眾運輸系統服務水準評估中應把安全性以事故率、犯罪率之選項，進行評估。逃生安全、無障礙設施與站內資訊是否標示清楚（蘇恆毅，2000）。可靠並且正確地提供所承諾服務能力 (Mace et al., 1996)。

　　便利性方面可歸納為選擇運輸系統連結的區位、清楚易懂的乘車資訊（謝明珊，2007）、到捷運站的時間短、到捷運站便利、到捷運站的距離適當與捷運站周遭停車方便（蘇恆毅，2000）。Mace et al. (1996) 認為服務人員需含幫助消費者提供即時服務的意願。

　　時間性方面可歸納為良好的動線系統、完整的道路資訊（謝明珊，2003）。張有恆 (2009) 認為大眾運輸系統服務水準評估應包含班距、速率、延滯時間、準點率之選項。候車空間、候車環境方面與購票方便、進出站快速等（蘇恆毅，2000）。Mace et al. (1996) 認為服務人員應具有專業知識、有禮貌以及能獲得消費者的信賴。

　　其他性之系統可歸納為金錢、非金錢、義工（謝明珊，2007）。張有恆 (2009) 認為大眾運輸系統服務水準評估中應把乘客申訴事件比率之選項，進行評估。站內服務商店與服務項目是否足夠（蘇恆毅，2000），提供消費者特別的注意與關心 (Mace et al., 1996)。

　　從高齡者大眾運輸系統及車站周遭所涵蓋的範圍，配合 15 項高齡友善城市面向之指標，評估高齡友善大眾運輸環境，彙整如表 2-1-1。

表 2-1-1　高齡大眾運輸需求環境與品質指標

構面	指標	參考文獻
舒適性	高齡友善的運具	陳佑伊 (2006)，陳昌益 (2001)，徐淵靜、周依潔 (2011)
	專門服務	Su, F. et al. (2009), U.S. Department of Transportation (2003)
	博愛座	陳佑伊 (2006)，徐淵靜、周依潔 (2011)
	運輸司機	潘佩君 (2012)，交通部 (1990)，紀秉宏 (2010)
安全性	安全乘車環境	潘佩君 (2012)，蘇恆毅 (2000)，朱君浩 (2002)
	交通運輸場站	Boschmann, E. E. (2013)，Su, F. et al. (2009)，黃世孟 (1997)，杜菀甄 (2004)
	道路	張銘峰 (2011)，大眾運輸法 (2015)，魏建宏、徐文遠 (1997)
便利性	資訊	張瓊文 (2011)，李佳安 (2009)，謝泳興 (2009)，Suen, L. (2003)
	停車場	黃祥瑋 (2004)，交通部 (2004)，黃世孟 (1997)，蔡昱欣 (2011)，內政部建研所 (2008)，黃建昌、阮維德 (2011)
	社區交通	高穗涵 (2009)
時間性	可靠性與頻率	Keijer, M. J. N. and Rietveld, P. (2000)，Mavoa, et al. (2012)，潘佩君 (2012)
	旅運目的地	Suzanne Mavoa, et al. (2012)，蔡昱欣 (2011)，蘇恆毅 (2000)
其他性	可負擔性	Rye, T. and Mykura, W. (2009)，孔正裕 (1999)，杜宗翰 (2009)，曹雅博 (2003)
	計程車	杜宗翰 (2009)，高穗涵 (2009)，紀秉宏 (2010)
	駕駛能力	黃兆鉑 (2006)，Koffman and Richard (2004)

資料來源：李家儂、謝翊楷 (2015)

　　高齡大眾運輸需求環境與品質對於都市交通環境設施與服務品質構成相互的影響關係，其涵蓋交通運輸場站、周遭環境設施與服務品質。而在

多種大眾運輸環境與品質指標的建構下，能有利於大都市大眾運輸系統的環境與品質的改善。回顧文獻後發現，國內外學者較少以整個城市探討高齡者之大眾運輸系統，作有秩序的整理及研究，本文以大都市整體大眾運輸為考量，將高齡者所需之大眾運輸系統的環境與品質指標分類後作為研究的依據。

第二節　高齡友善大眾運輸環境重要度及差異分析

　　本文首先以高齡者大眾運輸之相關文獻整理出相關的衡量指標，進而設計出問卷與問項內容，經問卷發放後，以有效問卷進行因素分析得出相關效度，再以平均數差異檢定性行相關分析，獲得規劃與評估的參考。

一、問卷設計與調查

　　本章節問卷設計方式，係根據前述之理論基礎與相關文獻回顧、假設及研究架構一貫衍生而來，由研究的各層面變項之概念擬定問卷問題，並考量問卷之長短、答題數，以及答題之容易度，可能之主客觀、誘導的偏差數。案例地區係以大臺北地區進行調查，以所擬定的問卷，進行互動式觀察與非正式之口頭詢問。研究對象為大臺北地區之高齡者，在探討高齡大眾運輸需求環境關鍵影響因素之分析，問卷以隨機發放 130 份，有效問卷為 124 份，有效問卷率為 95.3%；為使調查的樣本能充分代表研究母體，隨機選擇假日與非假日進行問卷調查，以達到樣本配置平均。

二、研究假設

　　（一）高齡者大眾運輸「重要度」之各構面上有顯著相關的差異。

　　（二）高齡者大眾運輸「滿意度」之各構面上有顯著相關的差異。

　　（三）不同基本屬性變項在「重要度」整理層面上有顯著的差異。

　　（四）不同基本屬性變項在「滿意度」整理層面上有顯著的差異。

三、因素分析

　　首先，主要針對高齡者對於大眾運輸的需求程度，分別以重要度與滿

意度進行調查，經原量表進行因素分析後發現，將其中部分題項刪除後，總變異量明顯提升為56%，顯示本量表具有良好的效度。從表2-2-1與表2-2-2可發現重要度與滿意度各有三個因素構念與原先編制的構念之題項符合，根據因素架構與內涵的題目變數特性，重要度因素一的構念命名為「可靠時間」、因素二的構念命名為「安全關懷」、因素三的構念命名為「舒適環境」；滿意度因素一的構念命名為「安全關懷」、因素二的構念命名為「資訊便利」、因素三的構念命名為「舒適環境」。

表2-2-1　高齡大眾運輸需求量表重要度因素分析結果摘要

構面	題目	轉軸後之結構矩陣		
		因素 1	因素 2	因素 3
可靠時間	大眾運輸提供高齡者到達旅次目的地，如活動中心、醫院、公園及商場。	0.82		
	大眾運輸工具車距密度的增加。	0.80		
	考慮高峰期與非高峰期的通行時間。	0.77		
	完成其他捷運網絡、整合公車路線、整合站場及資訊，並與轉乘公車、計程車做統一票價整合。	0.72		
	大眾運輸不同的運具間，提供方便且有良好的連結。	0.67		
	交通時間的精確度，頻繁的大眾運輸與日夜間服務。	0.62		
安全關懷	行駛速度過快，造成高齡者搭乘時有緊張與壓力的產生。		0.80	
	提供合理交通費用的補助或是優惠。		0.79	
	對於老人在整個乘車上的氛圍有了基本的尊重感。		0.77	
	減少煞車的頻率與緊急煞車之動作危險性，高齡者獲得安全舒適的感受。		0.71	
	大眾運輸為所有高齡者經濟上所負擔得起。		0.71	

構面	題目	轉軸後之結構矩陣		
		因素 1	因素 2	因素 3
舒適環境	博愛座設置應容易辨識，如以顏色區分或設置於門旁。			0.72
	車廂內之博愛座椅應考量尺寸與舒適度是否合宜。			0.70
	車廂空調系統可彈性地調整，溫度適中並感覺到舒適。			0.64
	低底盤公車數量的充足，有低矮的臺階設計。			0.62
	占用博愛座的問題應設專門管理機制。			0.60
	提供專門服務的機構，可依高齡者需要的運具配合其時間。			0.57

表 2-2-2　高齡大眾運輸需求量表滿意度因素分析結果摘要

構面	題目	轉軸後之結構矩陣		
		因素 1	因素 2	因素 3
安全關懷	提供合理交通費用的補助或是優惠。	0.82		
	減少煞車的頻率與緊急煞車之動作危險性，高齡者獲得安全舒適的感受。	0.78		
	對於老人在整個乘車上的氛圍有了基本的尊重感。	0.78		
	行駛速度過快，造成高齡者搭乘時有緊張與壓力的產生。	0.74		
	駕駛員應受良好的訓練，可提高行車的穩定性。	0.73		
	大眾運輸為所有高齡者經濟上所負擔得起。	0.65		
	可提供有禮貌的司機，服務上下車，並可提供輔具的空間。	0.63		
資訊便利	高齡者旅運設施之資訊系統（簡易預約、資訊標示設施等）的完善。		0.79	
	運具車廂內清晰易懂的時刻表與路線標示清楚。		0.63	
	停車場設置應接近建築、捷運站與轉運站旁，提供專人服務上下車及接送服務。		0.56	

構面	題目	轉軸後之結構矩陣		
		因素 1	因素 2	因素 3
舒適環境	車廂內之博愛座椅應考量尺寸與舒適度是否合宜。			0.80
	占用博愛座的問題應設專門管理機制。			0.68
	博愛座設置應容易辨識，如以顏色區分或設置於門旁。			0.66

四、信度分析

Cronbach's Alpha (α) 信度值可作爲檢測量表的精確性。可靠信統計爲層面量表，題目項變數一致性 α 係數，α 信度值越高，表示量表內部一致性越高，信度越高。內部一致性 α 係數值達 0.8 以上爲甚佳，0.7 以上爲佳，0.6 以上爲尙可。經分析結果，得到高齡友善大眾運輸期望值各構面重要度表與滿意度各構面信度表，重要度之三個構面「可靠時間」、「安全關懷」、「舒適環境」其 Cronbach's α 值分別爲 0.84、0.84、0.73。滿意度之三個構面「安全關懷」、「資訊便利」、「舒適環境」其 Cronbach's α 值分別爲 0.91、0.74、0.75，故期望度與滿意度之信度值皆屬於理想的信度基礎。

五、基本屬性分析

受訪者背景資料方面，詳如表 2-2-3 所示，性別顯示以「女性」較多，共計 64 人 (51.6%)，男女比率差異性不大，顯示出數值較爲平均；年齡變項以「65~69 歲」居多，共計 83 人 (66.9%)，此年齡高齡者生理機能上行動力較佳，日常生活較能獨自外出，故顯示出人數較爲多數，高齡者隨著年紀越長，人數相對地遞減，原因歸咎於受身心機能影響所致；住地與捷

表 2-2-3　受訪者基本資料

變項	次數	百分比	變項	次數	百分比
性別			職業		
男	60	48.4%	金融業	0	0%
女	64	51.6%	農林漁牧業	4	3.2%
年齡			工業	24	19.4%
			服務業	26	21%
65~69 歲	83	66.9%	電子業	8	6.5%
70~74 歲	22	17.7%	軍、公、教	9	7.3%
75~79 歲	7	5.6%	其他	53	42.7%
80~84 歲	5	4%			
85~89 歲	2	1.6%	交通工具（複選）		
90~94 歲	4	3.2%			
95~99 歲	0	0%	火車	3	2.4%
100 歲以上	1	0.8%	捷運	52	41.9%
居住地與捷運站的距離			客運巴士	6	4.8%
			公車	77	62.1%
＜ 300m	26	21%	計程車	20	16.1%
＜ 500m	33	26.6%	社區巴士	1	0.8%
＞ 500m	65	52.4%	復康巴士	1	0.8%
			自己開車	20	16.1%
教育的程度			搭乘汽車	4	3.2%
			自己騎車	25	20.2%
不識字	21	16.9%	搭乘機車	12	9.7%
識字（未受）	15	12.1%	腳踏車	8	6.5%
小學（未畢）	46	37.1%	其他	8	6.5%
初中（國中）	15	12.1%	搭乘的大眾運輸目的		
高中職	17	13.7%			
大專院校	5	4%	上下班	16	12.9%
研究所以上	5	4%	洽公	2	1.6%
			就醫	24	19.4%
			購物	14	11.3%
			休閒旅遊	50	40.3%
			探親	11	8.9%
			其他	7	5.6%

運站的距離變項結果顯示以「＞500m」最爲居多，共計 65 次 (52.4%)。

　　高齡者對於大眾運輸需求的運具需要更多樣的選擇，轉乘的需求亦相對地重要；教育程度以「小學（未畢業）」爲居多，共計 46 次 (37.1%)，對於乘車資訊的閱讀會有所影響；職業變項以「其他」爲最居多，共計 53 次 (42.7%)；交通工具變項結果顯示以「公車」爲最居多，共計 77 次 (62.1%)，或許因居住地離捷運站距離較遠，故選擇搭乘「公車」次數相對較多，與搭乘「捷運」52 次 (41.9) 爲前兩名，顯示高齡者搭乘大眾運輸已達到相當的次數；不同目的以「休閒旅遊」爲最居多，共計 50 次 (40.3%)，高齡者時間相對較自主，從事「休閒旅遊」多選擇搭乘大眾運輸前往。

六、重要度與滿意度相關性分析

　　根據表 2-2-4 顯示，高齡者在大眾運輸重要度之變項相關性上，「安全關懷」與「舒適環境」，其積差相關係數爲 0.195(p < 0.005)，在 95% 信心水準下，兩者爲顯著正相關，兩個變數間決定係數爲 0.038，「安全關懷」變項爲「舒適環境」變項總變異的 3.8%，兩者屬低度相關。高齡者感受在友善大眾運輸環境重要度上「安全關懷」程度越高，則「舒適環境」知覺越高，高齡者認爲兩者有相關的影響，認爲兩者在大眾運輸上都爲重要的因素之一。依上述所分析，研究假設（一）「高齡者大眾運輸『重要度』之各構面上有顯著相關的差異」得到支持。

表 2-2-4　高齡者重要度在可靠時間、安全關懷與舒適環境之間的相關矩陣

檢定變項	可靠時間	安全關懷	舒適環境
可靠時間	1.000		
安全關懷	0.080	1.000	
舒適環境	0.121	0.195*	1.000
		(R^2=0.038)	

*$p < 0.005$ 括號內為決定係數

　　在滿意度相關分析上，由表 2-2-5 顯示，高齡者在大眾運輸滿意度之變項相關性上，「資訊便利」與「安全關懷」，其積差相關係數為 0.621($p < 0.001$)，在 99% 信心水準下，兩者為顯著正相關，兩個變數間決定係數為 0.385，「安全關懷」變項為「舒適環境」變項總變異的 38.5%，兩者屬中度相關。高齡者感受在友善大眾運輸環境滿意度上，「資訊便利」程度越高，則「安全關懷」知覺越高；而在「舒適環境」與「資訊便利」，其積差相關係數為 0.503($p < 0.001$)，兩者為顯著正相關，兩個變數間決定係數為 0.253，「舒適環境」變項為「資訊便利」變項總變異的 25.3%，兩者屬中度相關，高齡者感受在大眾運輸需求環境滿意度上，「舒適環境」程度越高，則「資訊便利」知覺越高。

表 2-2-5　高齡者滿意度在安全關懷、資訊便利與舒適環境之間的相關矩陣

檢定變項	安全關懷	資訊便利	舒適環境
安全關懷	1.000		
資訊便利	0.621**	1.000	
	(R^2=0.385)		1.000
舒適環境	0.628**	0.503**	
	(R^2=0.394)	(R^2=0.253)	

*$p < 0.001$ 括號內為決定係數

七、基本屬性變項重要度之差異分析

（一）年齡在重要度之差異分析

　　由表 2-2-6 變異數分析知悉，就「舒適環境」依變項而言，變異數整體考驗 F 值為 3.12($p < 0.1$)，達到顯著水準，不同年齡之高齡者大眾運輸重要度在「舒適環境」有顯著差異的存在，研究假設（三）獲得支持。高齡者因生理機能隨年紀增長而逐漸降低，需要較舒適的環境，大眾運輸環境上的舒適對於高齡者重要度認知上顯得較為重要。

表 2-2-6　不同年齡之高齡者重要度在可靠時間、安全關懷、舒適環境差異比較之變異數分析摘要

檢定變項		平方和	自由度	平均平方和	F 檢定
可靠時間	組間	22.41	6.00	3.74	0.17 n.s.
	組內	2521.14	117.00	21.55	
	總和	2543.55	123.00		
安全關懷	組間	8.51	6.00	1.42	0.17 n.s.
	組內	950.46	117.00	8.12	
	總和	958.97	123.00		
舒適環境	組間	160.27	6.00	26.71	3.12***
	組內	1000.85	117.00	8.55	
	總和	1161.12	123.00		

n.s.$p > 0.5$　***$p < 0.01$

（二）居住地離捷運距離在重要度之差異分析

　　在「可靠時間」依變項而言，變異數整體考驗 F 值為 3.83 ($p < 0.5$)，表 2-2-7 所示，達到顯著水準，不同居住地離捷運距離之高齡者大眾運輸

重要度在「可靠時間」有顯著差異的存在，研究假設（三）獲得支持。經
事後多重比較 Scheffe 法，居住地離捷運距離 < 300m 大於 > 500m，居住
地距離捷運站 < 300m 的高齡者在重要度上大於 > 500m，高齡者認為「可
靠時間」較為重要。

表 2-2-7　不同居住地離捷運距離之高齡者重要度在可靠時間、安全關懷、舒適環境差
　　　　　異比較之變異數分析

檢定項目	變異來源	平方和 (SS)	自由度	平均平方和 (MS)	F 檢定	多重比較 Scheffe 法	多重比較 HSD 法
可靠時間	組間	151.33	2	75.66	3.83*	A > C	A > C
	組內	2392.22	121	19.77			
	總和	2543.55	123				
安全關懷	組間	11.80	2	5.90	0.75	-	-
	組內	947.17	121	7.83			
	總和	958.97	123				
舒適環境	組間	19.46	2	9.73	1.03	-	-
	組內	1141.66	121	9.44			
	總和	1161.12	123				

*p < 0.05　　居住地離捷運距離 A < 300m，C > 500m

（三）目的在重要度之差異分析

　　由表 2-2-8 變異數分析知悉，就「可靠時間」依變項而言，變異數整
體考驗 F 值為 4.44 (p < 0.1)，達到顯著水準，不同目的之高齡者大眾運輸
重要度在「可靠時間」有顯著差異的存在，經多重比較 Scheffe 法，上下
班、就醫大於探親，高齡者為探親對於「可靠時間」比較不重要，追究原
因可能因為需要準時上下班、就醫應盡快地前往，而探親心理較為平緩、
時間較為彈性，故重要性較低。另「安全關懷」依變項而言，變異數整體

考驗 F 值為 3.30(p < 0.01)，達到顯著水準，不同目的之高齡者大眾運輸重要度在「可靠時間」有顯著差異的存在，高齡者因為目的的不同對於「安全關懷」認為較為重要。研究假設（三）獲得支持。

表 2-2-8　不同目的之高齡者重要度在可靠時間、安全關懷、舒適環境差異比較之變異數分析摘要

檢定項目	變異來源	平方和 (SS)	自由度	平均平方和 (MS)	F 檢定	多重比較 Scheffe 法	多重比較 HSD 法
可靠時間	組間 組內 總和	471.87 2071.68 2543.55	6 117 123	78.65 17.71	4.44***	A、C > F	A > F、 G、C > F
安全關懷	組間 組內 總和	138.62 820.34 958.97	6 117 123	23.10 7.01	3.30***	-	-
舒適環境	組間 組內 總和	43.20 1117.93 1161.12	6 117 123	7.20 9.55	0.75 n.s.	-	-

n.s. p. > 0.5　***p < 0.01　A：上下班，C：就醫，F：探親，G：其他

八、基本屬性變項滿意度之差異分析

（一）年齡在滿意度之差異分析

　　由表 2-2-9 變異數分析知悉，就「安全關懷」依變項而言，變異數整體考驗 F 值為 2.16 (p < 0.5)，達到顯著水準，不同年齡之高齡者大眾運輸滿意度在「安全關懷」有顯著差異的存在，研究假設（三）獲得支持。高齡者隨年紀增加經濟能力隨之減緩，搭乘大眾運輸如有相關的票價補助措施，高齡者搭乘意願相對增加，高齡者心理上獲得被尊重感，高齡者對於「安全關懷」滿意度感知較高。研究假設（四）獲得支持。

表 2-2-9　不同年齡之高齡者滿意度在安全關懷、資訊便利、舒適環境差異比較之變異
　　　　　數分析摘要

檢定變項		平方和	自由度	平均平方和	F 檢定
安全關懷	組間	279.82	6	46.64	2.16*
	組內	2522.28	117	21.56	
	總和	2802.10	123		
資訊便利	組間	24.89	6	4.15	0.96
	組內	503.90	117	4.31	
	總和	528.80	123		
舒適環境	組間	16.38	6	2.73	0.77 n.s.
	組內	412.81	117	3.53	
	總和	429.19	123		

n.s. $p. > 0.5$　*$p < 0.05$

（二）職業在滿意度之差異分析

　　在「安全關懷」依變項而言，變異數整體考驗 F 值為 $2.57(p < 0.5)$，
表 2-2-10 所示，達到顯著水準，不同職業之高齡者大眾運輸滿意度在「安
全關懷」有顯著差異的存在，經多重比較 Scheffe 法，軍、公、教大於其
他，軍、公、教因為收入較為穩定，所以經濟較負擔得起，乘車上的氛圍
有了基本的尊重感；其他包含退休者與經濟較為不穩定的工作，故「安全
關懷」的相關補助措施較有幫助。研究假設（四）獲得支持。

表 2-2-10 不同職業之高齡者滿意度在安全關懷、資訊便利、舒適環境差異比較之變異數分析摘要

檢定項目	變異來源	平方和 (SS)	自由度	平均平方和 (MS)	F 檢定	多重比較 Scheffe 法	多重比較 HSD 法
安全關懷	組間 組內 總和	275.28 2526.82 2802.10	5 118 123	55.06 21.41	2.57*	-	F > G
資訊便利	組間 組內 總和	13.58 515.22 528.80	5 118 123	2.72 4.37	0.62 n.s.	-	-
舒適環境	組間 組內 總和	16.24 412.94 429.19	5 118 123	3.25 3.50	0.93	-	-

n.s. p. > 0.5　*p < 0.05　F：軍、公、教，G：其他

（三）目的在滿意度之差異分析

　　由表 2-2-11 變異數分析知悉，就「安全關懷」依變項而言，變異數整體考驗 F 值為 3.19 (p < 0.1)，達到顯著水準，不同目的之高齡者大眾運輸滿意度在「安全關懷」有顯著差異的存在，顯示大眾運輸的票價與搭乘時獲得尊重的感受，得到不同目的之高齡者有較高的滿意度；另「舒適環境」依變項而言，變異數整體考驗 F 值為 2.27 (p < 0.5)，達到顯著水準，大眾運輸場站與運具博愛座的設施及管理機制完善，不同目的之高齡者對於搭乘的「舒適環境」感受較為滿意。研究假設（四）獲得支持。

表 2-2-11　不同目的之高齡者滿意度在安全關懷、資訊便利、舒適環境差異比較之變
　　　　　異數分析摘要

檢定變項		平方和	自由度	平均平方和	F 檢定
安全關懷	組間	393.89	6	65.65	3.19***
	組內	2408.20	117	20.58	
	總和	2802.10	123		
資訊便利	組間	46.08	6	7.68	1.86
	組內	482.71	117	4.13	
	總和	528.80	123		
舒適環境	組間	44.80	6	7.47	2.27*
	組內	384.39	117	3.29	
	總和	429.19	123		

*p < 0.05　***p < 0.01

第三節　高齡友善大眾運輸環境發展策略與建議

一、高齡者大眾運輸改善策略之分析

　　為了解高齡者對於運輸的需求，根據本文所得到的結論進行問題癥結的分析與討論，繼以問卷受訪高齡者之基本屬性、變項重要度之差異分析，以及基本屬性變項滿意度之差異分析，配合魚骨圖法分別以重要度達到顯著水準之「可靠時間」共有 6 個問項，與「舒適環境」共 6 個問項、滿意度達到顯著水準之「安全關懷」共 7 個問項等三大構面進行探討，藉以了解高齡者對於搭乘大眾運輸實際感受之重要度與滿意度，作為高齡者運輸需求下之交通問題整理與分析，詳如圖 2-3-1 所示。

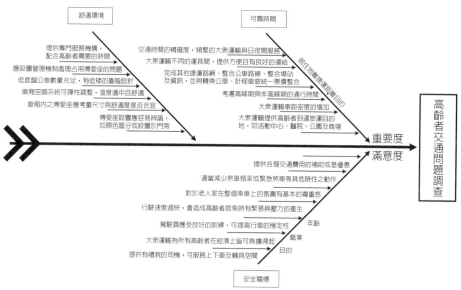

圖 2-3-1　高齡者交通需求下交通問題調查魚骨分析

二、高齡者大眾運輸需求問題 SWOT 分析

　　經上述之論述整理出高齡者交通問題，進而以 SWOT 分析法，將高齡者大眾運輸內部與外部環境因素就「優勢」(Strengths)、「劣勢」(Weaknesses)、「機會」(Opportunities)、「威脅」(Threats) 等關鍵因素，進行高齡者運輸需求發展策略分析，詳參表 2-3-1。

表 2-3-1　高齡者大眾運輸需求問題 SWOT 分析

優勢 (Strengths)	劣勢 (Weaknesses)
1. 提供合理交通費用的補助或是優惠。 2. 減少煞車的頻率與緊急煞車之動作危險性，高齡者獲得安全舒適的感受。 3. 對老人在整個乘車上的氛圍有了基本的尊重感。 4. 行駛速度過快，會造成高齡者搭乘時有緊張與壓力的產生。 5. 駕駛員應受良好的訓練，可提高行車的穩定性。 6. 大眾運輸為所有高齡者經濟上所負擔得起。 7. 有禮貌的司機服務上下車，並可提供輔具的空間。	1. 大眾運輸提供高齡者到達旅次目的地，如活動中心、醫院、公園及商場。 2. 大眾運輸工具車距密度的增加。 3. 考慮高峰期與非高峰期的通行時間。 4. 大眾運輸不同運具間，提供方便且有良好的連結。 5. 交通時間的精確度，頻繁的大眾運輸與日夜間服務。 6. 低底盤公車數量的充足，有低矮的臺階設計。
機會 (Opportunities)	威脅 (Threats)
1. 博愛座設置應容易辨識，如以顏色區分或設置於門旁。 2. 車廂內博愛座椅應考量尺寸與舒適度是否合宜。 3. 車廂空調系統可彈性地調整，溫度適中並感覺到舒適。 4. 占用博愛座的問題應設專門管理機制。 5. 提供專門服務的機構，可依高齡者需要的運具配合其時間。	1. 完成其他捷運網絡、整合公車路線、整合站場及資訊，並與轉乘公車、計程車做統一票價整合。 2. 考慮高峰期與非高峰期的通行時間。 3. 交通時間的精確度，頻繁的大眾運輸與夜間服務。

　　經前述高齡者運輸需求問題，將重要度達到顯著水準之「可靠時間」與「舒適環境」、滿意度達到顯著水準之「安全關懷」等三大構面進行SWOT分析，藉以分析後得到結果可使交通問題獲得把握優勢結合機會（SO策略）、扭轉劣勢補強機會（WO策略）、把握該機會避開其威脅（ST策略）與克服劣勢避開威脅（WT策略）。表2-3-2為三大構面進行問題解決之對策分析結果統計，並加以擬定高齡者大眾運輸需求發展策略。

表2-3-2　高齡者大眾運輸需求發展策略SWOT分析整理

SO 策略	WO 策略
1. 提供合理的交通補助。 2. 建立服務標準作業流程。 3. 提供駕駛員定期訓練機制。 4. 建立多元客服窗口。 5. 建立博愛座管理機制。 6. 設置敬老車廂。 7. 有禮貌的司機。 8. 提供輔具設備與空間。	1. 設置旅運分類行車路線。 2. 逐步增加低底盤公車。 3. 增加轉乘諮詢服務中心。 4. 夜間與週末的交通服務。 5. 不同色彩顯示的路線資訊。 6. 提供購物與醫療的交通預約。 7. 適當調整高峰與非高峰時的班次。
ST 策略	**WT 策略**
1. 不同運具間之管理單位整合。 2. 加強行車時間資訊管理。 3. 提供不同運具即時動態行車資訊。	1. 提供高齡者大眾運輸資訊手冊。 2. 使用高齡者電子車票。 3. 增進乘車尊重感氛圍。

　　經高齡者大眾運輸需求發展策略SWOT分析，本文整理成「可靠時間」構面共6項策略，分別為「提供購物與醫療的交通預約」、「加強行車時間資訊管理」、「提供不同運具即時動態行車資訊」、「適當調整高峰與非高峰時的班次」、「夜間與週末的交通服務」、「設置旅運分類行車路線」。「舒適環境」構面共8項策略，分別為「建立多元客服窗口」、「建立服務標準作業流程」、「增加轉乘諮詢服務中心」、「提

供輔具設備與空間」、「不同運具間之管理單位整合」、「逐步增加低底盤公車」、「不同色彩顯示的路線資訊」、「設置敬老車廂」。「安全關懷」構面共7項策略分別為「建立博愛座管理機制」、「提供高齡者大眾運輸資訊手冊」、「使用高齡者電子車票」、「增進乘車尊重感氛圍」、「有禮貌的司機」、「提供合理的交通補助」、「提供駕駛員定期訓練機制」。詳如圖2-3-2。

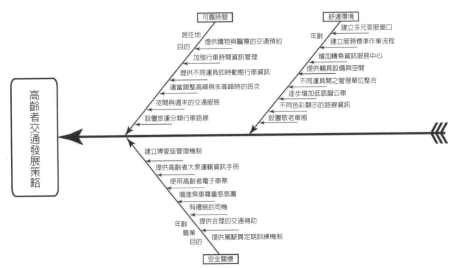

圖2-3-2　高齡者交通需求下交通對策擬定魚骨分析

三、高齡友善大眾運輸環境之策略建議

（一）可靠時間構面

　　對於「提供購物與醫療的交通預約」指標，由於高齡者在旅運需求上與一般大眾相較不同，因隨年紀增加生理機能隨之下降，步行緩慢或者需要輔具，大臺北地區目前可提供高齡者旅運需求的交通預約有復康巴士

與無障礙計程車等運具，建議可逐步增加相關運具的數量，並統一進行管理，以及設置預約服務的專門機構與窗口，以利高齡者方便使用大眾運輸工具。關於「加強行車時間資訊管理」指標而言，目前對於捷運、臺鐵與高鐵的行車管理較有效，而國道客運巴士與市區公車運具的時間管理上，或許就沒有那麼準確，未來應增加相關資訊設備，方便管理行車資訊。而在「提供不同運具即時動態行車資訊」指標顯示，由於大眾運輸運具種類眾多，高齡者使用大眾運輸時常有轉運需求，整合各運具的即時動態，並增加轉運資訊系統，例如行車資訊看板、廣播系統以及智慧型手機等相關措施，高齡者在轉乘時可掌握各運具的行車動態資訊。

有關「適當調整高峰與非高峰時的班次」方面，設計高齡者搭乘大眾運輸運具時，應考慮高峰期與非高峰期的通行時間，並以 15 分鐘、30 分鐘、30 分鐘以上作為候車時間分類，過長的候車時間，會降低年長者搭乘的意願。大眾運輸工具車距密度的增加、尖峰時間班次的增加，可增加旅運量，減少行車時所帶來的人潮擁擠，此項設施將有助於高齡者對於交通環境的服務水準有較高的評價。對「夜間與週末的交通服務」指標上，公共交通時程表應仔細分析，以確定無論白天、晚上、週末與上班日期間可用性方面的差距，並增加此時段的運具服務，方便高齡者使用大眾運輸。對於「設置旅運分類行車路線」指標而言，政府與交通運輸業者應將高齡者之旅運需求，例如醫院、保健中心、公園、購物商場、銀行及高齡者聚會等場所，從高鐵、臺鐵、巴士客運、公車與納入無障礙計程車，以進行各運具連結之旅運需求路線規劃。

（二）舒適環境構面

關於「建立多元客服窗口」方面，例如在運輸場站內外設置尋路與轉乘之資訊看板、場站外將社區服務中心納入大眾運輸諮詢窗口、醫院與購

物中心提供交通問題諮詢與客服，並提供交通資訊看板與相關設備，場站內提供專人的諮詢窗口，並納入多媒體相關軟硬體的設施，而提供高齡者多元的服務。

對於「建立服務標準作業流程」指標而言，大眾運輸種類繁多，各種運具的服務水準參差不齊，應整合建立服務標準作業流程，以確保對於高齡者大眾運輸服務水準之控制。就「增加轉乘諮詢服務中心」指標上，以大眾運輸場站為例，捷運、臺鐵、高鐵與客運轉運諮詢中心可增加專為高齡者的諮詢，對於市區公車站，政府可整合車站周圍之政府機關或者商家協助建立轉乘諮詢之服務。有關「提供輔具設備與空間」方面，政府與運輸業者應逐步改善大眾運輸運具之配備，例如臺鐵與高鐵、客運巴士與公車之運具車身有側傾的功能，可降低車輛的高度，同時附有斜坡板及車廂內之無障礙輪椅固定場所，增加符合高齡者需求的扶手與拉環，方便高齡者搭乘大眾運輸，並減少行車時危險的發生。對於「不同運具間之管理單位整合」方面，政府應提供各運具營運管理單位之溝通平臺，並整合管理單位，設置單一服務窗口，以維持大眾運輸管理之水準。

在「逐步增加低底盤公車」，大臺北地區雖然有低底盤的客運巴士與公車運具，但希望達到一定的數量，可逐步增加低底盤公車引進與配置，以確保低底盤運具數量之充裕。對於「不同色彩顯示的路線資訊」指標而言，設計大眾運輸要素需考量標誌與標線設置區位、設計尺寸、顏色對比與亮度、資訊應簡單易懂、設置數量之連續性與重複性以及緩衝區，每條路線應有色彩鮮明且清楚分類的路線資訊，方便高齡者尋路與轉乘，如轉運站之指示路線方向。在「設置敬老車廂」指標而言，建議各運具建置車廂應考量高齡者站立時把手的高度與相關輔助攙扶設施的設計，改善應包括車內空調系統彈性，並逐步增加與更新運具設備。

（三）安全關懷構面

　　有關「建立博愛座管理機制」指標方面，為減少博愛座被占用，對於博愛座的管理可由司機與場站服務人員進行管理，並增加電子資訊宣導以及廣播等方式管理。而「提供高齡者大眾運輸資訊手冊」方面，高齡者在搭車前使用資訊手冊先查詢運輸資訊，可提供高齡者對於乘車與轉乘良好的策略與選擇之閱讀，故建議可在各個場站、社區服務中心以及商店與醫院等窗口提供相關手冊。

　　在「使用高齡者電子車票」指標方面，電子車票之設置，可方便高齡者搭乘大眾運輸使用各運具間，收費時提供方便的使用，減少高齡者攜帶金錢以及購票的時間，補助交通津貼也可直接儲值於電子車票內且方便管理。對於「增進乘車尊重感氛圍」方面，改善司機的服務品質與駕駛穩定能力，加強運具內與場站內之服務人員的訓練。並整合博愛座設計、管理與敬老車廂的設置，表現出對於老人在整個乘車上的氛圍有了基本的尊重感。對於「有禮貌的司機」指標方面，司機有禮貌的服務，願意多花點時間聆聽高齡者的需求，高齡者有被尊重的感覺，除保持高水準之服務品質外，可於資訊看板與車上廣播系統宣導，故建議業者與政府應提供高齡者此項大眾運輸服務。

　　而「提供合理的交通補助」指標方面，提供敬老乘車優待的措施，能讓高齡者在使用交通設施及運具時，心靈獲得被尊重的感覺，而此福利措施也減少了高齡者退休後經濟的負擔，故政府與經營者可適當地調整交通補助津貼，提升高齡者使用大眾運輸的意願。而對於「提供駕駛員定期訓練機制」指標而言，司機在駕駛運具時，如果行駛速度過快，會造成高齡者搭乘時有緊張與壓力的產生，相對地，行駛速度越快，對於煞車的頻率與緊急煞車之動作危險性，會造成危險，故政府與業者對於司機應有一套標準訓練流程並定期地教育及測試，以減少高齡者心理的緊張。

　　綜整本章節各項議題與分析結果，形塑未來高齡友善城市及 TOD 環境發展趨勢，應具備妥善考量 (1) 高齡者身心健康因素；(2) 高齡者步行環境需求；(3) 車站周邊高密度發展；(4) 調整土地混合使用；(5) 寬敞、舒適且安全的人行道；(6) 連續無障礙的可步行活動空間；(7) 提供具吸引力讓人群聚集的開放廣場；(8) 規劃人、車分離的步行環境；(9) 具有筆直可見的步行路網；(10) 附近具有休閒遊憩設施與綠化空間；(11) 規劃具可及性之公車、腳踏車轉乘系統；(12) 減少汽、機車停放空間等，如下圖2-3-3 示意圖。

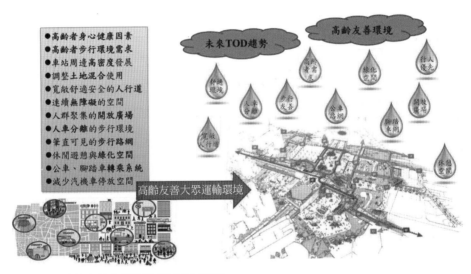

圖 2-3-3　高齡友善大眾運輸環境發展策略

第三章　高齡友善大眾運輸環境評估指標與體系

　　隨著社會經濟發展，各國經濟達顯著的水準，加上醫療水準提升與進步，促使人口金字塔 65 歲以上人口多過於幼年人口，高齡者人口數的平均壽命持續增加，逐漸形成高齡化社會的發展。2018 年臺灣老年人口占比已超越 14.00%，根據聯合國定義，臺灣已正式成為高齡社會，為解決社會上高齡者的旅運之需求，如何提供一個友善及便利的大眾運輸系統，成為重要的課題。據此，經由回顧高齡者對交通運輸需求的相關文獻後，彙整各國高齡者友善城市之大眾運輸評估指標，以模糊德爾菲 (FDM) 進行指標之共識值篩選，繼而以分析網路程序法 (ANP)，衡量指標之各項權重後，加入方案進行評選。研究結果顯示，經由專家學者建構出整體層面評估權重最優先順序為「可負擔性」，其次依序為「可適應性」、「有效率性」、「可親近性」、「可接受性」；而 16 項評估指標，權重前 5 名依序為「提供經濟實惠的交通選擇」、「適合高齡者的大眾運輸路線」、「特別的交通津貼」、「提供特殊裝備的車輛」、「提供購物與醫療的交通預約；方案評選優先順序依序為「臺北車站」、「板橋車站」與「市府轉運站」，據以提供規劃者與決策單位參考使用。

第一節　高齡社會下大眾運輸環境之衝擊

　　十八世紀工業革命以來，經濟迅速發展，人口持續增加，由於科技的發展，使得醫療水準也隨之提升與進步，致使人們的壽命不斷地延長，社會上高齡人口逐漸變多，改變了人口的年齡比例，造成重大的人口結構變化。根據內政部統計處統計，2020 年底 65 歲以上者有 378 萬 7,315 人，占我國人口總數之 16.07%，且我國老化指數至 2020 年底已達 127.8%。就現今社會結構而言，由於社會的變遷，家庭結構以小家庭為居多，致使獨居的老年人也相較居多，許多的雙薪家庭無法陪伴老年人生活上一切的需要，導致老年人獨自行動的時間逐漸增加，因此，老年人生活環境需求應有較多的考量，使得老年人能夠健康且便利於其生活環境中。高齡者日常生活的需求如去看電影、出門旅行（醫療之旅）等，均需要以服務高齡者為目標之交通規劃。老年人的各項活動行為就必須仰賴交通工具來達到目的，據此，交通工具以大眾運輸的可及性、便利性與安全性對於老年人是最為重要的，要考量大眾運輸環境的周遭設施是否符合老年人所搭乘。臺灣的大眾運輸早期為鐵路系統與公車巴士，鐵路運輸可到達的站點有限，現今鐵路系統雖已普及北中南各地區，但在搭乘時間上、站點與站間的距離、步行的便利性畢竟有限，而公車巴士轉乘的不方便造成高齡者在搭乘上的障礙。

　　然而隨著都市與經濟的發展，都市化的地區已成熟發展大眾運輸系統，成為便民的交通工具，根據臺北捷運局資料統計，臺北捷運於 2019 年 3 月底已突破 100 億人次搭乘，平均每日人次數達到 216 萬人次，而臺北市公車處資料顯示臺北市聯營公車每日搭乘人數也達到 171 萬人次，可見得大眾運輸系統達到了可觀的運載量，成為都市的最大宗大眾運輸工具。據此，大眾運輸系統已成為眾多旅客重要的搭乘工具，但由於高齡化社會趨勢，高齡者獨自外出機會增加，因此高齡者搭乘大眾運輸系統機會

　　自然增大。為求解決高齡者搭乘大眾運輸的運輸需求，本文將以友善搭乘
環境為理念下，探討高齡者對於大眾運輸系統環境設施之需求，針對大眾
運輸系統之現況探討且考量高齡者於搭乘過程中所面臨的搭乘困難，進一
步提出衡量項目，檢討現有的環境設施需加強或新設項目，以滿足高齡者
使用上的需求。

　　現今國內外各國大眾運輸系統，對於友善無障礙環境設施較為普
遍，而友善高齡環境的設施較為不足。國外學者研究發現 TOD 內部環境
或附近環境設施的舒適性，對於高齡者使用大眾運輸確實有一定的影響。
以高齡者身體機能的變化，進行大眾運輸場站間步行路徑的研究，發現對
於高齡者使用公共交通的意願有實質的增加。改善巴士站周圍的環境與道
路措施，例如：標示行走所需的時間與距離的資訊看板與尋路標示牌，並
規劃方便行走的交通網絡。Kaiser (2009) 認為改善大眾運輸的硬體設施、
高齡者行走的流動性技術性問題，克服了高齡者的生理與環境障礙，但這
些設施並不能保證高齡者的生活品質就相對地提高，更多的問題有可能是
情緒的問題與社會關懷上的需求等問題，例如 Park et al. (2010) 研究結果
指出居住在鄉村的高齡者如果經濟收入較低，對於搭乘大眾運輸確實有相
當的困難。對於貧困者的運輸需求問題，政策制定者應考量居住地與就業
之間的地理位置，以方便使用大眾運輸。高齡大眾運輸環境規劃設計，應
該以高齡者使用的角度加以深入地觀察與探討，才能讓高齡者有完善的大
眾運輸環境。

　　環顧國內外對於大眾運輸環境的研究，針對高齡大眾運輸環境評估的
相關研究較少，且友善高齡大眾運輸評估亦涉及多方專業，而傳統的評估
注重在無障礙環境，較少以高齡大眾運輸整體環境方面探討，多集中在高
齡者生理、心理與社會特性或是乘車品質等單一層面。據此，本文將針對
高齡大眾運輸環境評估進行研究，並以大眾運輸各相關專家學者以整體的
觀點來探討對友善高齡大眾運輸環境評估的重要性，並以車站為案例進行

評估，期望以多元的評估來建構友善高齡大眾運輸環境評估指標。

一、大眾運輸系統之類型

　　大眾運輸系統環境應包含固定的交通運輸場站及周遭所涵蓋之範圍及供公眾乘用的一切運輸工具，大眾運輸場站為提供大眾運輸工具停靠的空間，方便高齡者上下運輸大眾運輸工具的構造物，不同運輸工具所需之運輸場站有所不同，社區巴士、復康巴士與計程車可提供高齡者方便舒適地抵達轉運站。大眾運輸工具包含公車、客運、鐵路、高鐵、捷運、計程車、社區巴士、復康巴士等固定班次路線及費率之交通運輸工具。關於高齡友善大眾運輸環境，可包括運輸場站、交通運輸工具，如表 3-1-1 所示。並可細分出運輸場站為公車轉運站、客運轉運站、火車站、高鐵站、捷運站為研究之場站；交通運輸工具為臺鐵列車、高鐵列車、捷運列車、市區公車、公路客運、計程車、社區巴士、復康巴士等。

表 3-1-1　大眾運輸系統類型彙整表

運輸場站						運輸工具							
火車站	高鐵站	捷運站	客運轉運站	公車轉運站	公車站	臺鐵列車	高鐵列車	捷運列車	市區公車	公路客運	計程車	社區巴士	復康巴士

二、高齡者與老年指數

　　高齡者的定義詮釋眾多，許佳雯 (2011) 將高齡者解釋為日曆年齡、生理年齡、心理年齡以及功能年齡，依法定年齡或是生理學為分野高齡者年齡的依據，在《老人福利法》第二條規定：「本法所稱老人係指年滿六十五歲以上之老人」。目前對於高齡者的定義，大多係以聯合國人口

的年齡統計年鑑三分法，即 65 歲以上既稱之爲老人，而國內學者陳正雄 (2006)、王英哲 (2009) 在年齡差異上爲高齡者定義同樣係以 65 歲以上作爲老人，故由國內外的法令與相關文獻可得知，65 歲以上成爲國際間常用的老人年齡分界，而我國亦是以此作爲劃分的標準。

　　老化指數是衡量一地區人口老化的重要指標，依據臺北市政府主計總處之重要統計指標名詞定義：「老化指數 (index of aging) 爲年齡 65 歲以上人口數占年齡 0 至未滿 15 歲之人口數的比率」。臺灣人口年齡結構中，65 歲以上之高齡者人數持續地增加，而幼年人數逐年地減少，即老化指數迅速成長，2020 底年我國老化指數攀升至 127.8，65 歲以上者 378 萬 7,315 人占 16.07%，顯示高齡者人口數已超越幼年人口數，臺灣正式成爲高齡社會。

三、高齡者身心機能特性與運輸障礙

　　依據許銓倫 (2001) 與黃兆鉑 (2006) 的研究，影響高齡者交通特性的因素區分爲生理特性的衰退、心理特性的改變、社會經濟特性。交通特定使用者對於使用運輸系統設施與設備感到窒礙之特性，會依其生理及心理機能特性將其參與社會活動產生許多限制（徐淵靜、周依潔，2011）。以下就各項特性分別探討。

（一）生理機能特性

　　陳正雄 (2006) 指出老人的身心狀況之程度上分爲一級老化的身體健康、生活自在的健康老人，以及二級老化的身心有點障礙，需要有人幫忙，行動需要拐杖、輪椅等輔助工具的障礙老人，與三級老化的不能自主自立的臥床老人。多數使用大眾運輸系統的高齡者，多屬健康的一級老化老人及部分二級老化的障礙期高齡者使用。高齡者老化中最常見的現象之

一為視覺退化，對於日常以及行動行為有所影響 (Hawthorm, 2000)。交通部運輸研究所 (2003) 研究認為高齡者生理機能分為視覺（老花、視覺反應時間、對光線的感應力降低）、聽覺、步行速度、平衡機能、骨骼系統及疾病和各種器官功能退化，高齡者生理機能隨年紀漸長，影響行動力與反應能力因素越大。視覺上的退化（老花眼、白內障、青光眼），會影響到高齡者對來車看不清楚、無法辨識引導圖示或是錯看交通標誌和標線（陳佑伊，2006）。徐淵靜、周依潔 (2011) 研究認為交通特性使用者在交通運輸使用上之生理特性方面的影響包括活動力、持續力、控制力、反應力、靈敏度、視力、聽力、表達力、辨識判斷能力與輔具及行李使用之機能衰退或障礙特性。Judy (2003) 認為視力、聽力、觸覺和靈巧、活動力、認知力為高齡者對於大眾運輸在生理方面的影響。視覺退化造成高齡者的視力範圍縮小，不易注意到左右來車，聽覺退化造成對交通號誌的反應時間變慢，易造成潛在威脅；而身體機能的退化，除了行動能力隨之下降，慢性疾病也容易造成步行的不方便，進而增加發生交通危險的機率（謝明珊，2007）。

（二）心理機能特性

　　主觀的意識感覺、客觀的行為衝擊，通常使得高齡者於精神上的困擾更甚於身體上的困擾（交通部運輸研究所，2003）。交通特性使用者在交通運輸使用上之心理特性方面的影響，包括對於新環境的不適應與對新事物的不熟悉而造成的緊張、焦慮與不安（徐淵靜、周依潔，2011）。黃兆鉑 (2006) 研究認為心理機能會影響高齡者之記憶力漸漸衰退、注意力不集中、易發生事故、反應遲緩。謝明珊 (2007) 研究認為反應力對於高齡者面對複雜的交通資訊時，容易猶豫不決，造成交通傷害；注意力對於高齡者面對複雜的交通環境時，注意力不易集中；記憶力對於高齡者有記憶力降低、出門容易迷路等問題。

（三）社會經濟特性

　　高齡者的經濟問題，會隨著年齡的改變而有所變動，而高齡者在社會角色問題，易使高齡者被遺忘、與社會隔離（交通部運輸研究所，2003）。經濟地位改變、社會地位改變會造成高齡者對於運具的選擇，經濟較薄弱、自卑、猶豫、沒信心（黃兆鉑，2006）。環境的不適應、對新事物的不熟悉、緊張、焦慮與不安，對於環境的不熟悉與改變，科技的進步與時代的變遷，生理的不變與行動緩慢，造成心理的因素（徐淵靜、周依潔，2011）。謝明珊 (2007) 研究認為高齡者社會經濟特性使高齡者搭乘大眾運輸工具時無法接受新訊息及新知識、害怕不斷更新的都市、適應能力降低。

（四）高齡者身心機能特性與運輸障礙之綜整

　　高齡者隨著年紀的增加，對於生理機能、心理機能以及社會特性等皆有所改變，經上述國內外文獻所有關的文獻整理後，其特性與大眾運輸影響及改善方式如表 3-1-2 所示。

表 3-1-2　高齡者身心機能特性與運輸障礙文獻整理

文獻	特性	項目	大眾運輸影響／改善方式
Judy (2003)	生理特性	(1) 視力	• 夜間視力的變化、眩光的敏感性、光線感覺的變化。 • 增加夜間顯示器，減少側面碰撞。
		(2) 聽力	• 對於行車的聽力降低。 • 增加提醒顯示功能。
		(3) 觸覺和靈巧	• 手指與細部感覺不靈敏。 • 增加輔助之設備。
		(4) 活動力	• 關節退化，行動不便。 • 增加無障礙手扶梯與電梯設備。
		(5) 認知力	• 反應時間較慢、降低短期記憶、在陌生的環境搭乘運具。

文獻	特性	項目	大眾運輸影響／改善方式
交通部運輸研究所 (2003)	生理特性	(1) 視覺退化	• 看近物時產生模糊不清、對光線的感應力降低、對物體大小與相對距離失去判斷力。 • 交通號誌、標誌、標線的設計皆要注意視力問題，避免發生危險。
		(2) 聽覺退化	• 高齡者的聽力系統退化。 • 增加音量、標誌設施數量。
		(3) 平衡機能	• 老年人平衡機能比年輕人差，也是高齡者跌倒的主因。 • 減少距離並增加座椅、扶手數量。
		(4) 步行速度	• 高齡者的行動能力較低。 • 減少距離並增加座椅、扶手數量，加大空間。
		(5) 適應性	• 高齡者心理較易缺乏新時代的適應力。 • 增加設置語音及資訊站。
		(6) 調適力	• 事件對於老人者心理發生某種程度的影響。 • 設置專人服務。
	社會經濟特性	(1) 經濟地位改變	• 老人退休後個人所得會隨年紀增加而減少。 • 增加票價的補助，及敬老乘車優惠。
		(2) 社會地位改變	• 高齡者由於社會的環境需求，而導致由主角降至配角。 • 設置專人服務、博愛座與諮詢服務。
黃兆鉑 (2006)	生理特性	(1) 視覺退化	• 昏暗情況下喪失正常功能，看不清楚危險來源而判斷錯誤。
		(2) 聽覺退化	• 對高頻率聲音的聽覺減弱，無法判斷接近車輛的方向。
		(3) 行動能力	• 行走速度緩慢，平衡感較差。
	心理特性	(1) 記憶力	• 記憶力漸漸衰退。
		(2) 注意力	• 注意力不集中、易發生事故。
		(3) 反應力	• 反應遲緩。
	社會經濟特性	(1) 經濟地位改變	• 運具的選擇，經濟較薄弱。
		(2) 社會地位改變	• 自卑、猶豫與沒信心。

文獻	特性	項目	大眾運輸影響／改善方式
謝明珊 (2007)	生理特性	(1) 視覺退化	• 高齡者的視力範圍縮小，不易注意到左右來車。 • 遭受強光時易產生目眩，對號誌的反應時間增加。
		(2) 聽覺退化	• 對交通號誌的反應時間變慢，易造成潛在威脅。 • 造成平衡失調，行走於道路容易跌倒造成傷害。
		(3) 行動能力	• 慢性疾病容易造成步行的不方便，發生交通危險。 • 步行覺得累，在道路上具潛在威脅。
	心理特性	(1) 反應力	• 面對複雜的交通資訊，容易猶豫不決，造成交通傷害。 • 容易高估車輛的行駛速度。
		(2) 注意力	• 面對複雜的交通環境，注意力不易集中。 • 容易忽略周邊交通情形。
		(3) 記憶力	• 記憶力降低，出門容易迷路。
	人格特質	(1) 保守性	• 個性變得保守，決定事情需要花費更多的時間。
		(2) 固執性	• 無法接受新訊息及新知識。
		(3) 依賴性	• 害怕不斷更新的都市，適應能力降低。
		(4) 焦慮性	• 在心裡呈現憂慮及焦慮。

資料來源：本文整理

第二節　高齡友善大眾運輸環境衡量之構面

　　從需求導向的觀點，提供足夠的運輸設施以滿足未來運輸的需求。高齡者身心機能特性與運輸障礙上所的反應現象後，即發生所需之交通行為後而產生對於需求的特性。Mace(1996) 與 Parasuram(1998) 以通用設計需求導向提出通用化七項原則，為公平性、調整性、易操性、易感性、寬容性、省能性、空間性，大眾運輸系統應以全體使用者為服務對象，且以通用設計為導向，高齡者與無障礙者之運輸需求也包括在其群體中。消費者在需求服務水準之服務屬性說明中，歸納為時間、使用者成本、安全性、使用者舒適性及便利性等幾個要素組成。

一、高齡友善大眾運輸環境之衡量層面

　　張有恆 (2009) 認為安全、快速、舒適、其他為大眾運輸需求服務水準之結構，在高齡者運輸特性需要的系統有四個面向發展。謝明珊 (2007) 認為高齡者運輸系統評估高齡運輸需求包含安全性、舒適性、移動性、方便性及其他性。蘇恆毅 (2000) 之研究將分析構面分為可靠性、有形性、便利性、確實性及服務性等五個相關滿意度因素的構面。Mace(1996) 以產品通用設計之概念，包含公平性、調整性、易操性、易感性、寬容性、省能性、空間性等七項的設計原則。Solomo(2000) 強調高齡者的四項主要條件為 SARA，意指為有效性、可及性、可靠性與可負擔性，作為一個有包容性的社會，以確保機動性、包容性、生活的品質。根據以上文獻整理如下表 3-2-1。

表 3-2-1　高齡友善大眾運輸環境與品質衡量構面表

文獻	衡量構面	內涵
Mace (1996)	(1) 公平性、(2) 調整性、(3) 易操性、(4) 易感性、(5) 寬容性、(6) 省能性、(7) 空間性	以通用設計概念為基礎,而大眾運輸系統之障礙環境空間,觀念是使具障礙者使用交通運具、場站、場站周遭環境以及附屬設施,均能去除其障礙。
Parasuram (1998)	(1) 可靠性、(2) 回應性、(3) 確實性、(4) 關懷性、(5) 有形性	廠商對於消費者應提供硬體設施與服務人員為服務導向,達到消費者與使用者整體的滿意度。
張有恆 (2009)	(1) 安全、(2) 快速、(3) 舒適、(4) 其他	維持運輸系統的高服務品質之概念下的評估。
蘇恆毅 (2000)	(1) 可靠性、(2) 有形性、(3) 便利性、(4) 確實性、(5) 服務性	大眾捷運系統服務品質、顧客滿意度。
Solomon (2000)	(1) 有效性、(2) 可及性、(3) 可靠性、(4) 可負擔性	這四項交通運輸的條件作為一個有包容性的社會,以確保機動與可靠性,提升生活的品質。

據上述國內外文獻,本文整理歸納出「有效率性」、「可親近性」、「可接受性」、「可負擔性」與「可適應性」等五項高齡友善大眾運輸環境衡量層面（目標）,敘述如下:

（一）有效率性構面

可視為運輸存在且需要時隨時可使用,良好的動線系統、完整的道路資訊。張有恆 (2009) 與蘇恆毅 (2000) 認為大眾運輸系統服務水準評估中應把班距、速率、延滯時間、準點率之選項,進行評估。候車空間、候車環境方面與購票方便、進出站快速等。

（二）可親近性構面

可符合人因工學並方便使用，設置敬老車廂，站立時考慮把手的高度與相關輔助攙扶設施的設計（陳佑伊，2006）。徐淵靜、周依潔 (2011) 認為設計大眾運輸要素需考量標誌與標線設置區位、設計尺寸、顏色對比與亮度、資訊應簡單易懂、設置數量之連續性與重複性以及緩衝區，如轉運站之指示。

（三）可接受性構面

車站與運具是否清潔、是否安全，服務態度良好，人性化的道路系統、舒適且完善的生活環境、良好的候車空間及轉乘設備、高品質的乘車服務（謝明珊，2007）。張有恆 (2009) 認為大眾運輸系統服務水準評估中應把舒適性分類為加減速變化率、平均乘載、溫度、噪音之選項，進行評估。車子行車平穩、行車安全、車內環境與空調（蘇恆毅，2000）。Mace (1996) 認為服務人員具有專業知識、有禮貌以及能獲得消費者的信賴。

（四）可負擔性構面

搭乘大眾運輸是可負擔得起，孔正裕 (1999) 在研究臺灣地區敬老乘車優待方案時，認為高齡化社會必須給予老人安全便利及有尊嚴的乘車環境，敬老乘車優待的措施，能讓高齡者在使用交通設施及運具時，心靈獲得被尊重的感覺，而此福利措施也減少了高齡者退休後經濟的負擔。

（五）可適應性構面

可以隨著需求而進行調整與修改，以滿足使用交通特定需求，陳昌益 (2001) 與曹雅博 (2006) 認為公車系統改善應包括車內空調系統彈性的調

整與低底盤公車引進與配置。公路大眾運輸轉運接駁運具，加入計程車共乘之政策，將可提供低價且短旅時間的服務。

二、高齡友善大眾運輸環境品質之初步指標

　　經文獻回顧參考世界衛生組織 (WHO) 於 2014 年所提「高齡友善城市指南」(Global Age-friendly Cities: A Guide) 交通類之 15 項指標、加拿大 British Columbia(2014) 所提出城市高齡者友善交通規劃之 18 項指標、澳洲 Fremantle(2014) 所提出城市高齡友善交通規劃之 17 項指標，以及美國 New York(2014) 所提出城市高齡友善交通規劃之 14 項指標等，整理如下表 3-2-2，作為建立評估指標建構之基準。

表 3-2-2　高齡友善城市大眾運輸指標之來源

計畫名稱	世界衛生組織 (WHO) 高齡友善城市交通規劃	加拿大 British Columbia 城市高齡者友善交通規劃	澳洲 Fremantle 城市高齡友善交通規劃	美國 New York 城市高齡友善交通規劃
指標數	15	18	17	14

　　環顧各國高齡友善城市大眾運輸指標進行指標分類與分析，將指標予以歸納後整理出 22 項指標，並以 5 個衡量構面進行彙整，如下表 3-2-3 所示，作為建構篩選之初步指標。

表 3-2-3 高齡友善城市大眾運輸構面指標體系之彙整

構面	內涵	評估指標
有效率性	可視爲運輸存在且需要時隨時可使用	1. 提供交通資訊手冊 2. 增加公車的班次與頻率 3. 夜間與週末的交通服務 4. 提供購物與醫療的交通預約
可親近性	可以符合人因工學並且方便使用	5. 適當的場站距離 6. 於候車亭增加座位 7. 增加可供步行休息的長椅 8. 增加運具上的博愛座 9. 提供轉乘的諮詢服務
可接受性	車站與運具是否清潔，維修良好，是否安全，服務態度良好	10. 維修良好且乾淨的運具 11. 寬敞的站場 12. 安全可休息的候車空間 13. 司機友好樂於助人 14. 方便高齡者行走的無障礙設施
可負擔性	搭乘大眾運輸經濟上可負擔得起	15. 提供計程車優惠券 16. 提供經濟實惠的交通選擇 17. 特別的交通津貼 18. 提供交通月票
可適應性	可以隨著需求而進行調整與修改，以滿足使用交通特定需求	19. 提供特殊裝備的車輛 20. 適合高齡者的大眾運輸路線 21. 提供汽車共乘平臺 22. 提供高齡者需求的計程車服務

（一）有效率性構面之初步指標

有效率性構面分爲「提供交通資訊手冊」、「增加公車的班次與頻率」、「夜間與週末的交通服務」與「提供購物與醫療的交通預約」之四項指標。

1. 提供交通資訊手冊：陳菀蕙、張勝雄 (2012) 認為適當的資訊可降低高齡者使用公共運輸的困難與障礙，使其提高外出的活動能力。由於公車或客運是高齡者常用的運輸工具，因此該研究建議客運業者應依據地區路線特性，重新設計容易閱讀、理解，可獲得基本搭乘資訊的站牌，並提供活動導向的書面手冊。資訊手冊可提供高齡者對於乘車與轉乘良好的策略與選擇之閱讀 (Kieran, 2011)。政府可與客運業者合作，提供高齡者方便取得行車資訊的管道，增加資訊手冊，並於社區服務中心或是高齡者常活動的地點，安排志工協助高齡者了解使用資訊手冊，幫助高齡者查詢資訊，資訊手冊能滿足使用需求，高齡者在搭車前能先查詢交通資訊（謝詠興，2009）。

2. 增加公車的班次與頻率：Keijer and Rietveld(2000) 以荷蘭居民搭乘鐵路運具探討，從出發地到鐵路車站或者是鐵路車站與另個運具間之轉乘接駁運具，其研究指出當旅行時間很短時，接駁運具班次的頻率是旅客影響選擇運具的重要的變數。捷運車站與其他交通工具之接駁，應設計有良好的連結，並增加班次之頻率，可提高搭乘捷運的意願（蔡昱欣，2011）。大眾運輸車輛班次時間的距離密度增加，可減少候車時間，有助改善高齡者搭乘大眾運輸的品質（鄭立暐，2008）。

3. 夜間與週末的交通服務：Glasgow and Blakely(2000) 認為公共巴士時程表應仔細分析，以確定無論白天、晚上、週末與上班時間期間可用性方面的差距，方便高齡者使用大眾運輸。提供專門服務的機構，可依高齡者需要的運具配合其時間，提供高齡者大眾運輸的服務，並以不同的語言選項，方便高齡者溝通進行 (U.S. Department of Transportation, 2003)。

4. 提供購物與醫療的交通預約：公共交通應有更多機會提供高齡者日常所需之社交、購物、旅行與醫療預約的交通調度 (Nina Glasgow, 2000)。高穗涵 (2009) 提出可偏離路線至特定地點服務預約旅客之社區巡迴公車，此服務設施可依高齡者需求，計畫安排原本公車或大眾運輸所不

足的地方，增加臨停靠站的設施，方便高齡者搭乘。

（二）可親近性構面初步指標

可親近性構面初步分為「適當的場站距離」、「於候車亭增加座位」、「增加可供步行休息的長椅」、「增加運具上的博愛座」與「提供轉乘的諮詢服務」之五項指標。

1. 適當的場站距離：由於高齡者的身體狀況每況愈下，步行到交通站與站之間的路徑是一個很大的問題，高齡者對於時間較於有掌握性，多增加車站間的密集度，這樣的措施可以增加高齡者使用公共交通的意願 (Fengming, 2009)。公共汽車場站之密度應以高齡者的步行能力為考量，規劃適合高齡者步行至場站間之距離。Daniel(2012) 研究認為對於年紀大的人來說公共運輸路線與高齡者需求應該是相同的，對於高齡者而言，行走至較遠的上下車地點，生理上負荷量較大 (Nina, 2000)。

2. 於候車亭增加座位：高齡者使用公車系統設施之現況加以探討，設施面主要問題則是候車時座椅空間不足與沒有公車亭，建議改善公車站位及增加候車乘坐座椅。於候車空間增加座位，方便高齡者候車使用，提供友善的候車空間 (Nina, 2000)。

3. 增加可供步行休息的長椅：高齡者步行之步道設施應有足夠休息之座椅，增加高齡者步行時之舒適性（張銘峰，2011）。應於人行道增加可提供步行休息的座椅，以改善高齡者大眾運輸環境（陳昌益，2001）。高齡者多不排斥較長距離步行，但高齡者可能較一般人容易疲勞，則會希望中途有稍事休憩的座椅（陳佑伊，2006）。

4. 增加運具上的博愛座：年輕人占用博愛座的問題及改善大眾運具的博愛座設計，應考量高齡者的行動能力，座椅的尺度、舒適度與數量是否合宜。張依婷 (2007) 認為高齡者使用公車候車座椅時所發生的問題，

應進一步針對其需求提供多組候車座椅尺度作為設計之參考。運具車廂內之座椅應考量尺寸，博愛座應容易辨識，如以顏色區分或設置於門旁，特殊使用者座椅之設置數量與輔助設計，如把手及握把，都應納入設計考量（徐淵靜、周依潔，2011）。

5. 提供轉乘的諮詢服務：高齡者旅運設施之資訊系統（簡易預約、資訊標示設施等）的完善，可增加高齡者的移動性 (Kieran, 2011)。提供高齡者電腦訂位及班次時間訊息與預訂系統，以及巴士到站和城市的資訊，可使高齡者使用大眾運輸時免於恐懼，方便獲得轉乘所需要的資訊，增加乘車時的安全感 (Ling Suen, 2003)。高齡者在尋路過程中應簡化走到交會處的資訊量，以方便高齡者閱讀，設置電腦資訊站或是諮詢處，可減緩高齡者失去方向的機率（李佳安，2009）。

（三）可接受性構面初步指標

可接受性構面分為「維修良好且乾淨的運具」、「寬敞的站場」、「安全可休息的候車空間」、「司機友好樂於助人」與「方便高齡者行走的無障礙設施」之五項指標。

1. 維修良好且乾淨的運具：高齡者對於運具車廂內之整潔重視度高，應隨時維護乾淨的車內環境，提供高齡者舒適的搭乘環境（蘇恆毅，2000）。大眾運輸經營公司應隨時留意運具的維護，降低行車故障的發生，有效提升旅客運送安全與服務品質（梁志隆，2000）。

2. 寬敞的站場：高齡者乘車環境設施的規劃，應注意尖峰時間所產生的人潮衝擊，可減少場域的擁擠，提供高齡者使用交通運輸場站的安全（黃世孟，1997）。

3. 安全可休息的候車空間：設置可遮風避雨的安全候車空間，可提供高齡者候車時的舒適環境 (Nina, 2000)。於候車空間設置安全屏障，與

排隊候車之人潮有屏障空間，可規劃淨空走道，使無障礙者得以行走，並增加可供休息的博愛座（朱君浩，2002）。

4. 司機友好樂於助人：老人重視司機或服務人員有禮貌、態度友善，願意幫助高齡者，以改善比例爲衡量評估比重，如果改善一分，則增加出門次數 1.3 次／月（交通部運輸研究所，1990）。高齡者對於友善的司機感受度高，高齡者感受到舒適感。司機有禮貌的服務，願意多花點時間聆聽高齡者的需求，高齡者有被尊重的感覺，乘車過程心情也較爲愉快，有鼓勵高齡者多利用大眾運輸工具之效果。行車的穩定性對於體力與行動能力較差的高齡者易產生不適，加強駕駛員訓練，以提高公車行車穩定性（紀秉宏，2010）。

5. 方便高齡者行走的無障礙設施：爲方便高齡者行走的無障礙設施，除考量硬體設施的設計之外，亦搭配軟體設施。運具外部應有明顯的誘導標示，應降低路面的高低差，設置升降設備以利輪椅者垂直動線移動與上下車、設置斜坡道與扶手，運具內外應考量車門寬度、上下車之落差高度，兩側應有扶手，地面採用防滑材質（交通部運輸研究所，1990）。

（四）可負擔性構面初步指標

可負擔性構面分爲「提供計程車優惠券」、「提供經濟實惠的交通選擇」、「特別的交通津貼」與「提供交通月票」之四項指標。

1. 提供計程車優惠券：搭乘計程車對於高齡者具有舒適並便利的優點，可提供輪椅族群等使用，對於較無負擔能力者，提供補助或是優惠，可提供高齡者與身障者實質的幫助（杜宗翰，2009），由地方政府之計程車公司提供該地區高齡者運輸服務，高齡者僅支付少許費用，大部分費用由政府補貼（交通部運輸研究所，1990）。

2. 提供經濟實惠的交通選擇：對於高齡者而言有較多的時間自主

性，但相對地對於經濟的能力較為弱勢，票價高低會影響高齡者對於交通的選擇，因此，提供更經濟的交通選擇，鼓勵高齡者搭乘大眾運輸 (Fengming, 2009)。完成其他捷運網絡、整合公車路線、整合站場及資訊，並與轉乘公車、計程車做統一票價整合，並提供適度的優惠，以增加顧客轉乘方便（蘇恆毅，2000）。

3. 特別的交通津貼：高齡者對於交通工具的選擇，取決於他們在某一特定時間的需求，如果可以使用優惠的票價，則可以滿足高齡旅運需求 (Michael, 2013)。考量給予不同需求的高齡者多元之交通補助，定期長程旅遊補助、社團自強活動等之交通津貼，可鼓勵高齡者搭乘大眾運輸確實外出從事有益健康之活動（孔正裕，1999）。適度地補助免費搭乘交通運具，可鼓勵老人及身心障礙者多往戶外活動，並提高其乘車時的尊嚴，以優惠的票價措施，表現出對於老人在整個乘車上的氛圍有了基本的尊重感（杜宗翰，2009）。

4. 提供交通月票：加強免費乘車證的發放，使全體老人達成搭乘大眾運輸能得到免費的交通津貼。在研究臺灣地區敬老乘車優待方案時，認為高齡化社會必須給予老人安全便利及有尊嚴的乘車環境，敬老乘車優待的措施，能讓高齡者在使用交通設施及運具時，心靈獲得被尊重的感覺，而此福利措施也減少了高齡者退休後經濟的負擔（孔正裕，1999）。高齡者乘車票證可以使用免費乘車證與電子票證，並以每個月提供票價上的補貼（杜宗翰，2009）。大眾運輸提供高齡者優惠的票價，會提升高齡者的使用意願，優惠的票價能提供富裕的退休人員，捨棄自有小型車運具的使用，改搭大眾運輸運具，對於收入較低的年長者，能改善生活的品質，減少社會對他們的排斥，感受到社會的包容性，友善的運輸是社會包容性的一個基本要求，票價優惠可以使交通設施改善，高齡者可以感受到良好的生活品質 (Tom Rye, 2009)。

（五）可適應性構面初步指標

可適應性構面分爲「提供特殊裝備的車輛」、「適合高齡者的大眾運輸路線」、「提供汽車共乘平臺」與「提供高齡者需求的計程車服務」之四項指標。

1. 提供特殊裝備的車輛：陳昌益 (2001) 認爲公車系統改善應包括車廂內空調系統彈性的調整與低底盤公車引進與配置。設置敬老車廂，站立時考慮把手的高度與相關輔助攙扶設施的設計（陳佑伊，2006）。特殊裝備的公車爲車身有側傾的功能，可降低車輛的高度，同時附有斜坡板及車廂內之無障礙輪椅座位，各項功能設計使低地板公車提供了更具人性化、安全及舒適的無障礙運輸服務，利於年長者上下車方便搭乘（臺北市公車處）。提供可預約具有升降功能的復康巴士，增加班次與服務路線，並有預約之服務（交通部運輸研究所，2003）。有效的提供特殊運輸工具，可改善對高齡的運輸服務 (Fengming, 2009)。

2. 適合高齡者的大眾運輸路線：公共交通的行徑路線應包含具高齡者需求之目的地，如醫院、保健中心、公園、購物商場、銀行及高齡者聚會等場所 (WHO, 2014)。應規劃能滿足高齡者日常生活使用之大眾運輸行駛路線，例如拜訪朋友與親人、運動、參與社交活動等，這些規劃可滿足高齡者之運輸需求 (Charmaine, 2011)。

3. 提供汽車共乘平臺：Glasgow and Blakely(2000) 認爲可在高齡者旅運路線上集中或是整合自發性的車輛共乘，高齡者會有更多乘車的機會，減少步行到車站的不便。

4. 提供高齡者需求的計程車服務：計程車具有較高的行車穩定性及可行性，並且具有較低的行車擁擠性與等待時間（紀秉宏，2010）。高穗涵 (2009) 認爲 DRTS 需求回應運輸服務，是營運模式開發一套乘客預約派車系統，透過電腦系統與語音系統，配合計程車運具管理，並可接受臨

時訂單以及服務時間之要求，可使高齡者獲得完善且多元的運具服務。

依據國內外學者專家提出有關友善高齡大眾運輸環境相關文獻，本文將文獻加以整理，如下表 3-2-4 所示。

表 3-2-4　高齡友善大眾運輸環境指標與內涵

構面	評估指標	內涵
有效率性	提供交通資訊手冊	高齡者在搭車前使用運輸資訊手冊先查詢運輸資訊，可提供高齡者對於乘車與轉乘良好的策略與選擇之閱讀。
	增加公車的班次與頻率	大眾運輸車輛班次時間的距離密度增加，可減少候車時間，將有助改善高齡者搭乘大眾運輸的品質。
	夜間與週末的交通服務	公共交通時程表應仔細分析，以確定無論白天、晚上、週末與上班時間期間可用性方面的差距，方便高齡者使用大眾運輸。
	提供購物與醫療的交通預約	公共交通應有更多機會提供高齡者日常所需之社交、購物、旅行與醫療預約的交通調度。
可親近性	適當的場站距離	大眾運輸場站密度應以高齡者的步行能力為考量，規劃適合高齡者步行至場站間之距離。
	於候車亭增加座位	於候車空間增加座位，方便高齡者候車使用，提供友善的候車空間。
	增加可供步行休息的長椅	高齡者多不排斥較長距離步行，高齡者可能較一般人容易疲勞，則會希望中途有稍事休憩的座椅。高齡者步行之步道設施應有足夠休息之座椅，增加高齡者步行時之舒適性。
	增加運具上的博愛座	博愛座設計應考量高齡者的行動能力，座椅的尺度、舒適度與數量。
	提供轉乘的諮詢服務	提供高齡者電腦訂位及班次時間訊息與預訂系統，以及巴士到站和城市的資訊，方便轉乘所需要的資訊，設置電腦資訊站或是諮詢處，可減緩高齡者失去方向的機率，可使高齡者使用大眾運輸時免於恐懼。

構面	評估指標	內涵
可接受性	維修良好且乾淨的運具	大眾運輸公司應隨時對運具維護，降低行車故障的發生，運具車廂內之整潔，應隨時維護乾淨的車內環境，提供高齡者安全舒適的搭乘環境。
	寬敞的站場	注意尖峰時間所產生的人潮衝擊，可減少場域的擁擠，提供高齡者使用交通運輸場站的安全。
	安全可休息的候車空間	設置可遮風避雨的安全候車空間，於候車空間設置安全屏障，與排隊候車之人潮有屏障空間，可規劃淨空走道，並增加博愛座供候車時休息。
	司機友好樂於助人	司機有禮貌的服務，願意多花時間聆聽高齡者的需求，高齡者有被尊重的感覺。
	方便高齡者行走的無障礙設施	運具外部應有明顯的誘導標示，應降低路面的高低差，設置升降設備以利輪椅者垂直動線移動與上下車、設置斜坡道與扶手，運具內外應考量車門寬度、上下車之落差高度，兩側應有扶手，地面採用防滑材質。
可負擔性	提供計程車優惠券	由地方政府之計程車公司提供該地區高齡者運輸服務，高齡者僅支付少許費用，大部分費用由政府補貼。
	提供經濟實惠的交通選擇	票價高低會影響高齡者對於交通的選擇，因此，為提供更經濟的交通選擇，鼓勵高齡者搭乘大眾運輸。
	特別的交通津貼	考量給予不同需求的高齡者多元之交通補助，定期長程旅遊補助、社團自強活動等之交通津貼。
	提供交通月票	高齡者乘車票證可使用免費乘車證與電子票證，並每月提供票價補貼。
可適應性	提供特殊裝備的車輛	車身有側傾的功能，可降低車輛的高度，同時附有斜坡板及車廂內之無障礙輪椅座位，並設置敬老車廂。提供可預約、具有升降功能的復康巴士，增加班次與服務路線，並有預約之服務。

構面	評估指標	內涵
	適合高齡者的大眾運輸路線	公共交通的行徑路線應包含具高齡者需求之目的地：如醫院、保健中心、公園、購物商場、銀行及高齡者聚會等場所。
	提供汽車共乘平臺	可在高齡者旅運路線上集中或是整合自發性的車輛共乘，高齡者會有更多乘車的機會，減少步行到車站的不便。
	提供高齡者需求的計程車服務	透過電腦系統與語音系統，配合計程車運具管理，並可接受臨時訂單以及服務時間之要求，可使高齡者獲得完善且多元的運具服務。

資料來源：本文整理

第三節 高齡友善大眾運輸環境方案評比

　　為評估整體大眾運輸系統，交通運輸車站與周遭所涵蓋的範圍以及供公眾乘用的一切運輸工具，為改善高齡友善大眾運輸環境，進行方案優先順序之評選。本文評選之三個車站之方案均為大臺北地區具有轉運功能之車站，為具高完整性的大眾運輸系統之車站，分別為「臺北車站」、「市府轉運站」與「板橋車站」，依此擬定車站方案如下。

一、案例車站之說明

（一）臺北車站

　　於 1887 年成立至今已有 100 多年的歷史，期間經歷了五個時期的變更後，目前所使用的車站為改建後的第四代車站，1989 年開始使用與營運，是臺灣最具規模的綜合型車站，其運具為火車、高速鐵路（成立於 2007 年 3 月）、捷運（成立於 1997 年 12 月）共構之車站，站體周圍也有長途公路客運樞紐站臺北轉運站及臺北西站，以及計程車與接駁車之大眾運輸運具，詳參表 3-3-1，不但是全臺灣運量最大的車站，也是大臺北地區的交通樞紐，每日轉運人數約 50 萬人次。

表 3-3-1　臺北車站設施一覽

運具種類	位置		設施
火車	車站	一樓大廳與地下層月臺	博愛座、無障礙廁所、電梯、專人服務、資訊看板
	運具	地下層火車月臺	博愛座、專人服務
高鐵	車站	一樓大廳與地下層月臺	博愛座、無障礙廁所、電梯、專人服務、資訊看板
	運具	地下層高鐵月臺	博愛座、無障礙車廂、專人服務

運具種類		位置	設施
捷運	車站	地下層連接至捷運	博愛座、無障礙廁所、電梯、專人服務、資訊看板
	運具	地下層捷運月臺	博愛座、平整底盤
國道巴士	車站	地下層連接鄰近臺北轉運站、臺北西站	博愛座、無障礙廁所、電梯、醫護室、資訊看板
	運具	臺北轉運站巴士月臺	低底盤公車、專人服務
公車	車站	臺北車站平面道路	乘車資訊看板
	運具	平面道路公車月臺	博愛座、特殊設備、專人服務
計程車與臨停車輛	車站	地下室停車場	鄰近電梯
	運具	地下室計程車站	專人服務
接駁巴士（社區與復康）	車站	臺北車站平面道路	資訊看板
	運具	接駁車月臺	低底盤運具與無障礙設施、專人服務

資料來源：臺北市公共運輸處 (2014)、交通部鐵路管理局 (2014)、臺北大眾捷運股份有限公司 (2014)

（二）市府轉運站

　　成立於 2010 年，為結合公車、捷運與國道客運之交通轉運樞紐，市府捷運站 2019 年每日進出人次約為 127,168 人次，車站周邊有多條公車路線行經以及生活巴士（免費接駁車），詳參表 3-3-2，可供旅客轉乘。

表 3-3-2　市府轉運設施一覽

運具種類		位置	設施
捷運	車站	轉運站地下二樓連結捷運市府站	博愛座、無障礙廁所、電梯，資訊服務、專人服務
	運具	捷運市府站月臺	博愛座、平整底盤
國道巴士	車站	轉運站地下一樓	博愛座、無障礙廁所、電梯、資訊服務、專人服務
	運具	轉運站巴士月臺	低底盤巴士、專人服務
公車	車站	捷運站出口之平面道路	博愛座、乘車資訊看板
	運具	平面道路公車月臺	博愛座、特殊設備、專人服務
計程車與臨停車輛	車站	轉運站地下室	博愛座、鄰近電梯
	運具	轉運站地下室臨停專用區、停車場	專人服務
接駁巴士（社區與復康）	車站	轉運站地下室臨停專用區	博愛座、鄰近電梯
	運具	接駁車月臺	低底盤運具與無障礙設施、專人服務

資料來源：臺北市公共運輸處 (2014)、臺北大眾捷運股份有限公司 (2014)

（三）板橋車站

　　成立於 1901 年，至今已有 100 多年的歷史，經過了三個時期的改造後，臺鐵於 1999 年新建現今的「新板橋車站」，其運具為火車、高速鐵路（2006 年 11 月成立）、捷運（2006 年 5 月成立）共構之車站；西側與板橋巴士站（市區巴士）相鄰，東側則與板橋客運站（長短途客運）相鄰，詳參表 3-3-3，為轉乘臺鐵、高鐵、國道巴士站、客運站的重要車站。

表 3-3-3　板橋站設施一覽

運具種類		位置	設施
火車	車站	一樓大廳與地下層月臺	博愛座、無障礙廁所、電梯、專人服務、資訊看板
	運具	地下層火車月臺	博愛座、專人服務
高鐵	車站	一樓大廳與地下層月臺	博愛座、無障礙廁所、電梯、專人服務、資訊看板
	運具	地下層高鐵月臺	博愛座、無障礙車廂、專人服務
捷運	車站	地下層連接至捷運	博愛座、無障礙廁所、電梯、專人服務、資訊看板
	運具	地下層捷運月臺	博愛座、平整底盤
國道巴士	車站	地面層連接鄰近板橋轉運站	博愛座、無障礙廁所、電梯、醫護室、資訊看板
	運具	板橋轉運站巴士月臺	低底盤巴士、專人服務
公車	車站	板橋公車轉運站	乘車資訊看板
	運具	公車轉運站月臺	特殊設備、專人服務
計程車與臨停車輛	車站	板橋車站平面道路	鄰近電梯
	運具	計程車停靠站	專人服務
接駁巴士（社區與復康）	車站	板橋車站平面道路	資訊看板
	運具	接駁車月臺	低底盤運具與無障礙設施、專人服務

資料來源：交通部鐵路管理局 (2014)、臺北大眾捷運股份有限公司 (2014)、新北市交通局 (2014)

二、研究方法與設計

（一）模糊德爾菲法

　　模糊德爾菲法 (Fuzzy Delphi Method, FDM) 是一項適用於進行評估因子篩選的方法，其相較於傳統德爾菲法具有降低調查次數、專家意見的完

整表達、透過模糊理論更加符合現實狀況與合乎需求的專家知識，以及減少時間的耗費（衛萬里，2007）。德爾菲法是群體預測之方法之一，也是一群專家透過專業知識做決策，雖然德爾菲法已廣泛地應用於各個領域中進行決策，但仍有缺失存在，該方法最主要缺失為 (1) 必須進行多次問卷，否則無法達到收斂與一致性, (2) 易於耗時, (3) 增加成本以及反應率降低之情形發生。此外，研究者進行問卷回收後，彙整專家意見時可能因主觀意識之判斷而過濾部分專家所欲傳達之訊息，使少數因主觀意識而過濾之意見未被採納；研究者以中位數或平均數之問卷資料易忽略其他專家之意見。據此，Murray et al.(1985) 首次將模糊理論與德爾菲法進行結合，開始模糊德爾菲法之相關研究，Kaufmann and Gupta(1998) 首先要求專家提供三項估計，分別為悲觀認知值、最佳認知值、樂觀認知值，以作為模糊德爾菲法的計分方式。此外 Ishikwa et al. (1993) 為解決德爾菲法的缺點，將 Max-Min 法與 Fuzzy Integration 法，作為模糊德爾菲法之計算方式。本文採用鄭滄濱 (2001) 參考陳昭宏 (2001) 所提出模糊德爾菲法之灰色地帶檢定方法，且將該方法作部分修正。

（二）分析網路程序法

分析網路程序法 (Analytic Network Process, ANP) 是一種多評估準則的決策方法，常應用於經濟、社會及管理科學等領域，應用範疇廣，其理論基礎以應用階層結構 (Hierarchical Structure) 幫助決策者對於不確定性情況下及同時具有多個評估準則的問題上，能更深入地了解與探討，繼而分析與處理複雜的決策問題（衛萬里，2007）。分析網路程序法 (ANP) 是由美國匹茲堡大學的 Saaty 教授於 1996 年所提出的一種相互依存的「層階式結構」的決策方法，其理論基礎是建立於層級分析法 (Analytic Hierarchical Process, AHP) 的基礎上，所衍生出更近於現實社會的新決策方法。

　　近來許多社會科學領域的研究方法發現，涉及決策的問題，通常不能單純地僅以階層化方式來了解問題內部具高複雜的關聯性，由於傳統的層級分析法 AHP 無法解決複雜問題，因此網路分析法針對方案與準則之間所存在的相互回饋 (feedback) 和損益做取捨關係，並且應用超矩陣 (super matrix) 的演算法來確認組織目標、準則及各替代方案的優先權，如表 3-3-4 所示。網路分析法使用超矩陣表現圖形中元素之間的關係與強度，超矩陣即是將各群組與其包含之元素，依序列於矩陣左側與上方，形成一個超矩陣。超矩陣中若有空白或 0 則表示元素或群組之間是彼此獨立沒有相依性，其最大的好處是可以用來同時評估外部和內部二種相依性。

表 3-3-4　分析層級程序法 (AHP) 與分析網路程序法 (ANP) 比較

項目	分析層級程序法 (AHP)	分析網路程序法 (ANP)
層級關係	相互獨立	相互依賴
結構特性	線性階層結構	非線性網路結構
假定	(1) 各系統可分解成許多種類或成分，形成簡易的層級結構。 (2) 每一層要素均假設具有獨立性。	(1) 各系統可分解成許多種類或成分，形成網路式層級結構較為複雜。 (2) 每一層要素均假設不具有獨立性。
回饋關係	沒有回饋	回饋
權重計算	成對比較矩陣	超矩陣

　　因此，本文利用分析網路程序法 (ANP) 來分析運輸環境間之關聯性與影響性，繼而衡量各項指標的重要性與權重的優先順序。本文以 Rozann Saaty 與 Willian Adams 所研發的 Super Decisions 多準則分析軟體輔助專家決策值統計之運算，有關於應用該軟體所從事的研究已發表於國際期刊之中。

（三）問卷設計與調查

　　根據決策問題所涉及的領域及複雜的程度，延聘相關領域的專家，以成立決策群體。根據 Reza and Vassilis(1998)、鄧振源 (2013)、張紹勳 (2014) 等人認爲專家審查人數不宜過多，通常以 5-15 人最爲適宜。問卷調查先考量專家的偏好，問卷對象社經特性爲相關領域之專家學者，其專業領域包括土地利用與交通運輸、城市健康議題、計畫評估與決策分析、運輸規劃、先進大眾運輸系統等相關領域，如表 3-3-5 所示。問卷調查方式先以電話與電子信箱徵詢並取得受訪者同意後，再約時間進行問卷發放，共發放 5 份專家問卷，回收 5 份問卷，全數透過一致性檢定，問卷回收率爲 100%。

表 3-3-5　專家問卷統計

專家類別	專家領域	發出份數	有效回收份數
學者	土地利用與交通運輸、城市健康議題、計畫評估與決策分析、運輸規劃、先進大眾運輸系統。	5	5

三、模糊德爾菲法因子之篩選

　　經專家共識值篩選結果分析顯示，統計各準則評值 Z_i 檢定值 >0 表示專家意見一致，該評估因子已經收斂評估指標之檢定值均達到收斂，其專家共識值 G_i 介於 6.0-9.0 之間，故將門檻值訂定爲 7.6，確定評估準則，詳如表 3-3-6，評估指標之共識值低於 7.6 以下，則將「提供交通資訊手冊」、「維修良好且乾淨的運具」、「提供計程車優惠券」、「提供交通月票」、「提供汽車共乘平臺」與「提供高齡者需求的計程車服務」6 項予以剔除，共保留 16 項評估指標，詳參表 3-3-6 與圖 3-3-2，模糊德爾菲

(FDM) 專家問卷調查分析結果顯示效度與信度均達標準，其指標可供後續分析網路程序法之進行。

表 3-3-6　模糊德爾菲法評估準則統計分析篩選結果

評估指標	最小值 Ci		最大值 Oi		單一值 Ai		幾何平均值			檢定值 Zi	專家共識值 Gi
	min	max	min	max	min	max	Ci	Ai	Oi		
提供交通資訊手冊	4	6	6	10	5	10	5.75	7.25	8.25	2.5	6.00 < 7.6
增加公車的班次與頻率	7	8	7	10	8	9	7.5	8.75	9.25	2.75	7.82 > 7.6
夜間與週末的交通服務	6	9	8	10	7	10	7.25	8.75	9.25	3	8.42 > 7.6
提供購物與醫療的交通預約	4	9	7	10	6	9	6.75	7.75	8.75	4	7.88 > 7.6
適當的場站距離	7	8	7	10	8	9	7.75	8.75	9.5	2.75	7.91 > 7.6
於候車亭增加座位	5	9	8	10	7	10	6.75	8.25	8.5	2.75	8.18 > 7.6
增加可供步行休息的長椅	4	8	8	10	6	9	6.75	8	9	2.25	8.00 > 7.6
增加運具上的博愛座	5	9	8	10	6	9	7.25	8	9	2.75	8.36 > 7.6
提供轉乘的諮詢服務	5	8	8	10	7	9	7	8.25	9.5	2.5	8.00 > 7.6
維修良好且乾淨的運具	5	8	7	10	6	9	6.75	7.75	8.5	2.75	7.5 < 7.6
寬敞的站場	5	8	7	10	6	9	6.75	8	9	3.25	7.62 > 7.6

評估指標	最小值 Ci		最大值 Oi		單一值 Ai		幾何平均值			檢定值 Zi	專家共識值 Gi
	min	max	min	max	min	max	Ci	Ai	Oi		
安全可休息的候車空間	5	9	7	10	6	10	7.25	8.5	9.25	4	8.13 > 7.6
司機友好樂於助人	6	9	8	10	7	9	7.5	8.5	9.25	2.75	8.45 > 7.6
方便高齡者行走的無障礙設施	7	8	8	10	8	9	7.75	8.75	9.5	1.75	8.00 > 7.6
提供計程車優惠券	3	7	7	9	5	8	5.5	6.75	7.75	2.25	7.00 < 7.6
提供經濟實惠的交通選擇	5	9	7	10	6	10	6.25	7.75	8.5	4.25	7.71 > 7.6
特別的交通津貼	6	8	8	10	7	8	7	8	9.25	2.25	8.00 > 7.6
提供交通月票	5	8	7	10	7	9	6.5	7.5	8.5	3	7.50 < 7.6
提供特殊裝備的車輛	3	9	7	10	5	9	6.75	7.75	8.75	4	7.88 > 7.6
適合高齡者的大眾運輸路線	7	9	9	10	8	9	8	8.75	9.75	1.75	9.00 > 7.6
提供汽車共乘平臺	2	7	7	9	5	8	5	6.75	7.75	2.75	7.00 < 7.6
提供高齡者需求的計程車服務	3	8	6	10	5	9	6.5	7.25	8.75	4.25	7.29 < 7.6

因子選取數 16　　　　　　　　　　　　　　　　　　門檻值 7.6

※ 灰色區塊則代表未通過專家共識門檻值 Gi

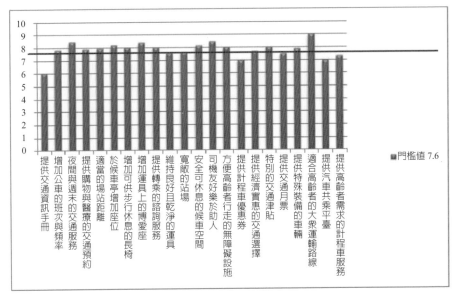

圖 3-3-1　評估準則專家共識值散布之直線分析比較

四、高齡友善大眾運輸環境評估指標之體系

（一）高齡友善大眾運輸環境指標之層級架構

　　經專家進行模糊德爾菲法 (FDM) 因子篩選後，共得 16 項指標，依衡量構面進行指標彙整，以分析網路程序法 (ANP) 進行高齡友善大眾運輸環境評估指標之建構，以階層結構系統化原理，透過量化的過程，將複雜無組織架構的相關問題化簡為有組織有層次之架構，使得決策者可以清楚了解問題處理之優先順位，並加入 3 個車站方案進行評比，進而擬定出決策方案優先順序，如圖 3-3-2 所示。

（二）高齡友善大眾運輸環境指標之相依互存關係

　　經過文獻與專家問卷回收，建構高齡友善大眾運輸指標系統的關係網絡，由於各指標之間具有互相影響之特性，本文以文獻探討與發放專家問卷調查，經問卷回收與結果，整理歸納各指標間之相互依存關係，發現各指標間均有相依互存關係或者是直接關係，如圖 3-3-3 所示，其代表各指標之間直接與相依互存之關係。

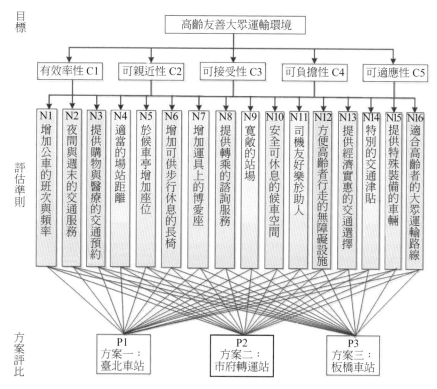

圖 3-3-2　高齡友善大眾運輸環境品質指標之層級架構

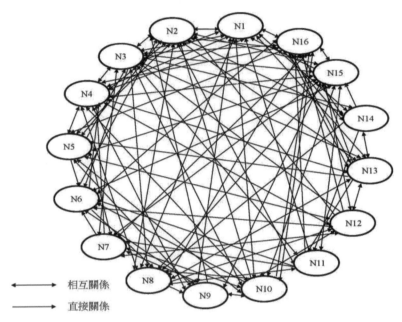

相互關係

直接關係

圖 3-3-3　指標之相互依存影響關係

（三）高齡友善大眾運輸環境指標之體系

　　關於各指標與層次之計算，首先整合各層級要素之項對重要的程度，以歸納出最底層各評估準則之權重，環境與品質指標之建構分為三個層次，第三個層次的權重係以從第二層往下相乘第三層要素之權重後，可得到整個評估系統下各準則之權重，透過兩兩相比和變數之間的相對重要性，權重值可得到指標的評選順序與重要度，做出最好的指標決策。本問卷的成對比較矩陣符合 C.I ≦ 0.1 的標準，並將這些通過一致性檢定的問卷項目進行權重分析友善高齡大眾運輸環境指標面層級架構關係，如圖 3-3-4 所示。

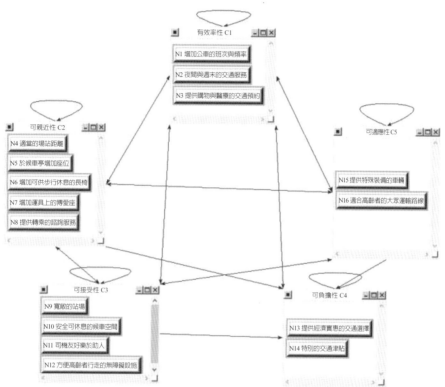

圖 3-3-4 高齡友善指標權重體系

（四）方案評估選擇體系

經各指標與層次之計算，得到各準則之權重，加入方案進行評估，建立第四層次，第四個層次的權重係以從第三層往下相乘第四層要素之權重後，可得到整個評估系統下各準則之權重，透過兩兩相比和變數之間的相對重要性，經專家加權重平均值可得到指標與方案的評選順序與重要度，做出最好的方案決策。本問卷的成對比較矩陣符合 C.I ≦ 0.1 的標準，並將這些通過一致性檢定的問卷項目進行權重分析指標面層級架與方案評估架構關係，如圖 3-3-5 所示。

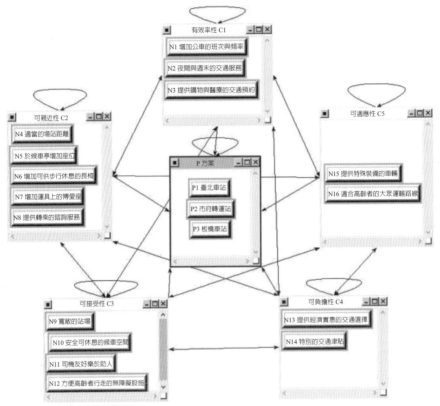

圖 3-3-5　方案評估選擇體系

五、整體評估指標層面分析

環境與品質指標專家問卷內容係以 ANP 專家問卷（N=5 人）的「共識值」，可分為三個部分，第一部分為「構面與評估指標之相對重要性比較」，第二部分為「構面之間的相依性比較」，第三部分為「評估指標之間的相依性比較」，經過極限矩陣的運算，得到其權重收斂成定值。經 5 位專家的共識決結果認為高齡友善大眾運輸環境評估整體目的 5 個層面與 16 項指標結果顯示，詳如表 3-3-7、圖 3-3-6 與圖 3-3-7 所示。

　　整體層面評估結果最優先為「可負擔性」(0.3115)，其次依序為「可適應性」(0.2547)、「有效率性」(0.1781)、「可親近性」(0.1521)、「可接受性」(0.1036)。「可負擔性」為最重要，因為由於高齡者隨年紀的增加，而收入隨著減少，搭乘大眾運輸的負擔能力對高齡者而言專家認為最優先，由於高齡者的身心特性之緣故，對於上下運具需要符合高齡者運輸障礙的運具設施；而高齡者生活路徑多為休閒購物、探親與醫療，應提供適合高齡者旅運需求的行車路線，且考量給予不同需求的高齡者多元之交通補助，減少高齡者搭乘大眾運輸時的負擔。「可適應性」為整體層面的第 2 順序，提供特殊的裝備配合高齡者所需的大眾運輸路線，可使高齡者有便捷舒適的大眾運輸系統。第 3 順序為「有效率性」，增加公車班次與頻率、夜間與週末提供旅運服務以配合高齡者購物與醫療的需求。「可親近性」與「可接受性」則整體層面評估權重值較低。

表 3-3-7　高齡友善大眾運輸指標評估層面權重統計分析

層面（目的）	有效率性	可親近性	可接受性	可負擔性	可適應性
權重	0.1781(3)	0.1521(4)	0.1036(5)	0.3115(1)	0.2547(2)

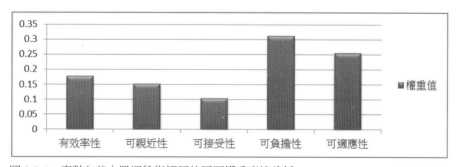

圖 3-3-6　高齡友善大眾運輸指標評估層面權重直線分析

六、方案評估整體評選分析

　　方案評估專家問卷內容係以 ANP 專家問卷（N=5 人）的「共識值」，可分為六個部分，第一部分為「構面與評估指標之相對重要性比較」，第二部分為「構面之間相依性比較」，第三部分為「評估指標之間相依性比較」，第四部分為「構面與方案評選之間相依性比較」，第五部分為「方案評估之間相依性比較」，第六部分為「評估指標與方案評估之間相依性比較」，經過極限矩陣的運算，得到其權重加權平均值。經 5 位專家的共識決所獲得車站評選最具高齡友善車站指標加權平均後優先順序依序為「臺北車站」(0.4306) >「板橋車站」(0.3211)>「市府轉運站」(0.2483)，詳如圖 3-3-7 所示。

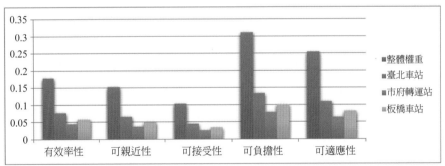

層面（目的）	整體評估	方案評選		
		加權平均值		
	權重	臺北車站	市府轉運站	板橋車站
有效率性	0.1781(3)	0.0767(1)	0.0442(3)	0.0572(2)
可親近性	0.1521(4)	0.0656(1)	0.0374(3)	0.0492(2)
可接受性	0.1036(5)	0.0446(1)	0.0259(3)	0.0331(2)
可負擔性	0.3115(1)	0.1341(1)	0.0776(3)	0.0998(2)
可適應性	0.2547(2)	0.1097(1)	0.0632(3)	0.0818(2)
總計	1	0.4306(1)	0.2483(3)	0.3211(2)

說明：數字後 ( ) 表示權重排序

圖 3-3-7　綜合專家問卷方案評估加權平均值統計

七、評估指標與方案評選之分析

經專家權重值統計分析比較，以下就評估指標與方案評選進行分析。

（一）提供經濟實惠的交通選擇

1. 評估指標分析：專家認為第一順序為「提供經濟實惠的交通選擇」(0.1737)，得分最高原因推測為高齡者隨著年齡的增加而收入隨之減少，大眾運輸系統具多元的運具與行車路線，高齡者可依照旅運需求選擇較經濟實惠的交通選擇，方便高齡者使用大眾運輸與達成意願。

2. 方案評選分析：「臺北車站」(0.0750) >「板橋車站」(0.0552) >「市府轉運站」(0.0435)。「臺北車站」為火車、高鐵、國道巴士與捷運之綜合車站，運具多元且旅運量為全國第一，或許高齡者可搭乘的運具種類與搭乘人數相對地也較多，故「臺北車站」順序第一；「板橋車站」與「市府轉運站」順序為第二與三。

（二）適合高齡者的大眾運輸路線

1. 評估指標分析：「適合高齡者的大眾運輸路線」(0.1677) 為第二順序，係因高齡者的日常生活路徑多為醫院、保健中心、公園、購物商場、聚會社交等場所，將大眾運輸的路線融入高齡者生活路徑，高齡者有完善的大眾運輸系統可使用。

2. 方案評選分析：臺北車站 (0.0723) > 板橋車站 (0.0532) > 市府轉運站 (0.0422)。臺北車站為提供多種運具停靠或轉運之車站，也許因為臺北車站對於高齡者購物或是醫療外出所需要之轉運運具較多元，高齡者有較多的運輸路線可以選擇，故評選為第一；板橋車站有可能雖為大型綜合車站，但服務的路線並沒有臺北車站多，故排名第二；而市府轉運站僅有公路客運、捷運與公車路線，故評比為最後。

（三）特別的交通津貼

1. 評估指標分析：第三順序為「特別的交通津貼」(0.1377)，考量高齡者多元的旅運需求給予特別的津貼，例如定期長程的旅遊、醫療旅遊、參加自強活動之交通補助，以減少不同旅運需求的高齡者搭乘大眾運輸之經濟負擔，使高齡者搭乘大眾運輸福利更為完善。

2. 方案評選分析：臺北車站 (0.0591) > 板橋車站 (0.0446) > 市府轉運站 (0.0340)。臺北車站「適合高齡者的大眾運輸路線」在評比車站中最為多元，或許影響「特別的交通津貼」也相對地重要；而依車站規模影響，板橋順序第二，市府轉運順序第三。

（四）提供特殊裝備的車輛

1. 評估指標分析：第四順序為「提供特殊裝備的車輛」(0.0870)，高齡者之身心機能特性對於無障礙大眾運輸需求比一般常人較高，因此，提供具有側傾的功能、可降低車輛的高度，同時附有斜坡板及車廂內之無障礙輪椅座位並設置敬老車廂，加以可彈性預約的社區與復康巴士輔助一般大眾運輸無法到達地點的服務。

2. 方案評選分析：臺北車站 (0.0374) > 板橋車站 (0.0286) > 市府轉運站 (0.0210)。臺北車站評選順序為第一，或許跟臺北車站所提供的具有特殊裝備的運具種類多元，以及臺北車站旅運量人數最多有所關聯；板橋車站與市府轉運站則加權權重差距不大，故順序排名第二與第三。

（五）提供購物與醫療的交通預約

1. 評估指標分析：第五順序為「提供購物與醫療的交通預約」(0.0708)，高齡者退休後生活有較多的購物活動，而隨著年紀增加生理機能方面也較有需要就醫的需求，提供購物與醫療的交通預約，可以減少候

車與轉車的時間，提供便捷交通的滿足旅運需求。

2. 方案評選分析：臺北車站 (0.0308) > 板橋車站 (0.0221) > 市府轉運 (0.0178)。方案評選之各車站皆有提供可預約之社區巴士（醫療巴士）與計程車的服務，由於臺北車站附近購物與醫療環境與運具的多元緣故，高齡者出門因購物與醫療需要有提供預約的運具服務，以減少購物後行李的搬運與醫療活動所產生的生理不適，故臺北車站為第一評選；板橋車站雖運具服務與臺北車站相似，但有可能服務的人數較少，故評選順序第二；市府轉運站或許有可能運具服務較少，故評選順序為最後。

（六）增加公車的班次與頻率

1. 評估指標分析：有關「增加公車的班次與頻率」(0.0587) 排序為第六，運具班次間距離與時間密度的增加，可減少高齡者候車的時間，也許「提供經濟實惠的交通選擇」配合「增加公車的班次與頻率」之關聯，可提供高齡者經濟實惠且班次密集的交通選擇。

2. 方案評選分析：臺北車站 (0.0253) > 板橋車站 (0.0186) > 市府轉運站 (0.0148)。臺北車站為火車、高鐵、國道巴士與捷運之綜合車站，旅運量為全國第一，為紓解旅運搭乘與轉乘公車的人潮，增加公車的班次與頻率可減少高齡者候車時間與人潮所帶來的衝擊，故臺北車站順序第一；而市府轉運站公車以服務臺北市區轉運與搭乘為主，故順序為第三。

（七）提供轉乘的諮詢服務

1. 評估指標分析：提供高齡者電腦訂位及班次時間訊息與預訂系統，以及巴士到站的資訊，方便轉乘所需要的資訊，設置電腦資訊站或是諮詢處，可減緩高齡者失去方向的機率，可使高齡者使用大眾運輸時免於恐懼，因此，「提供轉乘的諮詢服務」(0.0514) 專家評選順序為第七。

2. 方案評選分析：臺北車站 (0.0226) > 板橋車站 (0.0164) > 市府轉運站 (0.0124)。臺北車站運具最為多元，但各運具場站設有專門服務的服務站與資訊看板，使高齡者搭乘各運具轉乘時可獲得良好的諮詢服務，運具司機也提供友善的轉乘諮詢服務，故臺北車站順序為第一；板橋車站提供的服務順序為第二；市府轉運站順序為第三。

（八）夜間與週末的交通服務

1. 評估指標分析：排序為第八 (0.0487)，「適合高齡者的大眾運輸路線」之指標可能引起了「夜間與週末的交通服務」之關係，或許有些適合大眾運輸的路線，在夜間與週末班次較不密集，公共巴士與各個運具時程表應仔細分析，以確定無論白天、晚上、週末與上班時間期間可用性方面的差距，以方便高齡者使用大眾運輸。

2. 方案評選分析：臺北車站 (0.0207) > 板橋車站 (0.0165) > 市府轉運站 (0.0115)。三個評選車站相對地都有夜間與週末的交通服務，也許臺北車站為全臺第一大的車站，高齡者的旅運次數服務較多，運具於假日與夜間服務的種類也較多，故評選為第一；板橋車站雖與臺北車站類型相似，但或許旅運的服務量相對比較少，故排名第二；市府轉運站運具服務為三者之間最少，故排序第三。

（九）方便高齡者行走的無障礙設施

1. 評估指標分析：車站內外應有明顯的誘導標示，應降低路面的高低差，設置升降設備、斜坡道與扶手，運具內外應考量車門寬度、上下車之落差高度，兩側應有扶手，地面採用防滑材質。高齡者身心特性緣故，更需要無障礙設施幫助高齡者在行走時能獲得安全舒適的環境，故「方便高齡者行走的無障礙設施」(0.0460) 指標排序第九。

2. 方案評選分析：臺北車站 (0.0198) > 板橋車站 (0.0146) > 市府轉運站 (0.0116)。臺北車站運具較多元，運具內部的無障礙設施也較完善，車站內外環境皆有無障礙設施，各運具的站場路徑的連結多數位於地下層，高齡者行走路徑無障礙設施完善；板橋車站各運具的站場之間連結性並無臺北車站完善，因此排序第二；市府轉運站運具間路徑連結為地下層且無障礙設施完善，或許因為運具種類為最少，評選順序為第三。

（十）適當的場站距離

1. 評估指標分析：大眾運輸場站之密度應以高齡者的步行能力為考量，規劃適合高齡者步行至場站間之距離，高齡者身體狀態有可能影響步行能力，或許「適合高齡者的大眾運輸路線」與「適當的場站距離」有所關聯，在高齡者旅運需求之路線配合適當的車站配置，可減少高齡者行走的時間且方便搭乘大眾運輸，減少生理上負荷量，提升使用意願，因此，「適當的場站距離」(0.0386) 排序為第十。

2. 方案評選分析：臺北車站 (0.0167) > 板橋車站 (0.0119) > 市府轉運站 (0.0100)。臺北車站為綜合車站，各運具的場站之間距離適當，或許因為服務的運具較多元，可轉乘運具的選擇性較多，故運具之間的距離相對地可多重供選擇行走的路徑距離之長短；板橋車站到達客運轉運站路徑需經過地面層，故順序為第二；市府轉運站或許是運具行車路線各站的距離相較不平均，故順序為第三。

表 3-3-8　高齡友善大眾運輸指標權重統計分析

層面 （目的）	整體 權重值	指標	權重值
有效率性	0.1781(3)	增加公車的班次與頻率	0.0587(6)
		夜間與週末的交通服務	0.0487(8)
		提供購物與醫療的交通預約	0.0708(5)
可親近性	0.1521(4)	適當的場站距離	0.0386(10)
		候車亭增加座位	0.0172(15)
		增加可供步行休息的長椅	0.0203(13)
		增加運具上的博愛座	0.0246(11)
		提供轉乘的諮詢服務	0.0514(7)
可接受性	0.1036(5)	寬敞的站場	0.0163(16)
		安全可休息的候車空間	0.0185(14)
		司機友好樂於助人	0.0228(12)
		方便高齡者行走的無障礙設施	0.0460(9)
可負擔性	0.3115(1)	提供經濟實惠的交通選擇	0.1737(1)
		特別的交通津貼	0.1377(3)
可適應性	0.2547(2)	提供特殊裝備的車輛	0.0870(4)
		適合高齡者的大眾運輸路線	0.1677(2)
說明：數字後 ( ) 表示權重排序			

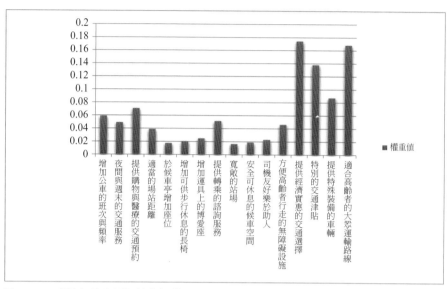

圖 3-3-8 高齡友善大眾運輸指標權重之直線分析

表 3-3-9 綜合專家問卷方案評估加權平均值統計

評估指標	加權平均值			
	臺北車站	市府轉運站	板橋車站	總排序
增加公車的班次與頻率	0.0253(1)	0.0148(3)	0.0186(2)	0.0587(6)
夜間與週末的交通服務	0.0207(1)	0.0115(3)	0.0165(2)	0.0487(8)
提供購物與醫療的交通預約	0.0308(1)	0.0178(3)	0.0221(2)	0.0708(5)
適當的場站距離	0.0167(1)	0.0100(3)	0.0119(2)	0.0386(10)
於候車亭增加座位	0.0073(1)	0.0043(3)	0.0056(2)	0.0172(15)
增加可供步行休息的長椅	0.0087(1)	0.0051(3)	0.0066(2)	0.0203(13)
增加運具上的博愛座	0.0104(1)	0.0056(3)	0.0086(2)	0.0246(11)
提供轉乘的諮詢服務	0.0226(1)	0.0124(3)	0.0164(2)	0.0514(7)
寬敞的站場	0.0070(1)	0.0042(3)	0.0051(2)	0.0163(16)
安全可休息的候車空間	0.0078(1)	0.0046(3)	0.0061(2)	0.0185(14)

評估指標	加權平均值			
	臺北車站	市府轉運站	板橋車站	總排序
司機友好樂於助人	0.0100(1)	0.0055(3)	0.0073(2)	0.0228(12)
方便高齡者行走的無障礙設施	0.0198(1)	0.0116(3)	0.0146(2)	0.0460(9)
提供經濟實惠的交通選擇	0.0750(1)	0.0435(3)	0.0552(2)	0.1737(1)
特別的交通津貼	0.0591(1)	0.0340(3)	0.0446(2)	0.1377(3)
提供特殊裝備的車輛	0.0374(1)	0.0210(3)	0.0286(2)	0.0870(4)
適合高齡者的大眾運輸路線	0.0723(1)	0.0422(3)	0.0532(2)	0.1677(2)
總計	0.4306(1)	0.2483(3)	0.3211(2)	1

說明：數字後 ( ) 表示權重排序

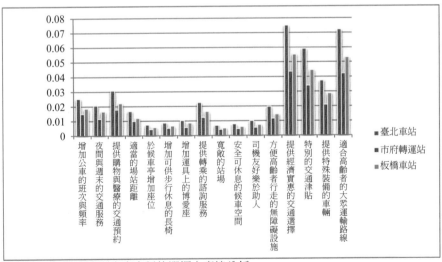

圖 3-3-9　綜合專家問卷方案評估選擇之直線分析

對於排序後六名的指標而言，權重值相對地較低，依序為「增加運具上的博愛座」(0.0246)、「司機友好樂於助人」(0.0228)、「增加可供步行休息的長椅」(0.0203)、「安全可休息的候車空間」(0.0185)、「於候車

亭增加座位」(0.0172)、「寬敞的站場」(0.0163)；方案評選方面六項指標臺北車站順序皆為第一。其中有四項指標為提供高齡者可休息的設施，而運具上增加博愛座不只可供休息，並可減少運具行駛時煞車以及晃動所帶來的危險；寬廣的場站也可以減少人潮所帶來的擁擠、因人潮所帶來的衝撞，避免危險的發生。

八、評比結果與策略

本章節以模糊德爾菲法 (FDM) 進行指標篩選共識因子，避免以往只以文獻整理或是國內外高齡友善城市交通指標整理過程指標過度主觀；分析網路程序法 (ANP) 的運用相較於層級分析法多了指標與方案之間的相依互存影響關係，彼此相互影響關係較複雜、較具深度且整體性高。

關於高齡友善運輸系統指標之建構首先以文獻回顧、WHO 與各國之高齡友善城市交通之指標整理，經模糊德爾菲法 (FDM) 篩選出共識因子之 16 項評估指標體系。經由分析網路程序法 (ANP)，專家的共識決結果認為高齡友善大眾運輸環境評估指標結果顯示，整體層面（目的）評估權重最優先為「可負擔性」，其次依序為「可適應性」、「有效率性」、「可親近性」、「可接受性」；16 項評估指標權重前 5 名依序為「提供經濟實惠的交通選擇」、「適合高齡者的大眾運輸路線」、「特別的交通津貼」、「提供特殊裝備的車輛」、「提供購物與醫療的交通預約」。

車站方案評選權重值整體排序第一順序為「臺北車站」、「板橋車站」第二、「市府轉運站」順序為第三；方案優先順序結合評估指標，對於我國提升高齡友善大眾運輸系統，可提供評估方案。

臺灣已成為高齡社會，高齡者生活起居上多數需使用到交通工具，因此，建構適合高齡者的友善大眾運輸系統顯然來得重要。經研究得到的結論不只僅有對高齡者友善的大眾運輸系統評估指標，並增加了三個車站的

　　方案評比，不論研究方法與結果，在高齡大眾運輸系統評估上，可提供對於高齡者大眾運輸設計與規劃者參考的資料。以高齡友善大眾運輸而言，應以高齡者之身心特性與旅運特性為導向，經研究結果顯示，政府或民營單位對於高齡者搭乘大眾運輸票價的補助措施，可考量高齡者日常所需，如購物、探親、社交、醫療與長途旅行、社團活動，配合多元的運具，並統一使用電子票證進行補助，減少高齡者使用大眾運輸經濟上的負擔。

　　政府或是運輸經營者可逐步增加或改善各運具軟硬體設施，增加具有特殊裝備的運具、設置敬老車廂、增加運具上的博愛座並有良善的管理，配合友善的司機或專門的服務，使高齡者有舒適的乘車空間，並感受到具有尊重感。在車站內外部環境規劃上應朝向高齡者行走路徑上的無障礙環境為導向，車站空間規劃上考量適合高齡者使用的尺度，於步行與候車時應提供休息等候的座椅與空間，並設置轉乘的資訊，滿足高齡友善大眾運輸服務與設施。

第四章　高齡友善TOD健康步行
　　　　環境規劃模式

　　臺灣社會面臨快速都市化的進程，亦開始積極推動低碳城市與建置大眾運輸設施，希望以此因應全球暖化、減緩環境汙染等都市發展議題，不僅提升都會區的經濟發展和一般民眾更便捷的交通選擇外，更有接近 57 萬的高齡者使用搭乘臺北捷運（李建昌，2005），可見高齡者對於大眾捷運的依賴性非常高。但高齡者的生理特性及心理特性難以衡量，且不同於其他年齡層，如 Schaie 與 Willis (2007) 研究提出高齡者的生理與心理狀態的逐漸退化，其知覺功能和認知能力下降，甚至會影響到日常生活的行動力。

　　近年來國外亦有許多根據高齡者需求相關研究，如 Fobker 與 Grotz (2006) 以德國各不同發展程度的城鄉地區，探討高齡的日常生活、休閒公共設施設置、日常流動性、及其對交通運輸的需求研究。臺灣對於高齡者交通運輸需求方面也有相關的研究，如林楨家、謝明珊 (2008) 研究指出，對於高齡者的運輸需求應以安全性、舒適性、方便性與移動性四個面向進行評估。然而健康生活必須從社區做起，透過民眾自發性的共識，以形成高齡健康環境「由下（民眾）而上（專業人員）」的自主力量（黃世傑，2015），以達成居民在生理、心理與社會之健康層面（許世雨，2006）。綜整上述可知，為因應未來人口結構老化後，其交通運輸乘客的結構也隨之改變，故需加以了解高齡者於運輸步行環境中，其流動與群聚和空間的關係，且大眾運輸步行環境（整體）變化會對步行者（個體）產生不同程度之影響，故應充分考量其步行空間結構與環境特性及生理與心理方面的健康需求等影響。由此可見，健康環境理念與大眾運輸系統緊密相關，其關鍵為步行環境與運輸環境之間的健康發展。

　　據此，本文運用一系列科學性分析工具，如以 SEM 結構方程模式 (Structural Equation Modeling, SEM)，加以探討大眾運輸步行環境對高齡者身心健康之影響關係，以此進行高齡者生理與心理影響之量化研究；再輔以空間型構法則 (Space Syntax)，針對大眾運輸步行空間環境路網加以

分析，以此進行空間量化與討論；最後將本文所建立之 SEM 規劃模式應用於實例地區——臺北市萬華區龍山寺加以分析，並以萬華區西門町步行環境與空間布局作爲差異性比較，藉此了解高齡者流動和群聚與周圍環境配置之關係，以及高齡者對於友善環境的認知與感受，據以研擬高齡友善TOD 步行運輸環境發展策略。

第一節　健康城市與TOD友善居住環境

　　亞里斯多德（Aristotle）在西元前 350 年前就說：「我們去設計一個城市，有四個需要思考的地方，第一個也是最不可或缺的就是健康課題。」而亞里斯多德所謂的健康課題則包含了「身體健康」與「公共健康」。為何都市設計與健康有著密切的關係？係因都市設計會影響都市內部的環境與各項設施，進而形塑出都市的建成環境 (built environment)，其建成環境包括土地使用的型態與密度、建物的類性與量體、交通運輸系統與公共設施等，都將影響人類的各項行為，繼而影響到人們的生活、工作與休閒等實質活動 (Frank et al., 2003)，故不同都市設計概念下所建成的環境，透過不同的交通運輸系統將會導致各種不同的實質活動，其中步行行為受影響最鉅。

　　然而，不同的都市設計概念會對人們活動產生影響，進而影響到身體健康，另一方面，都市設計亦會對都市環境產生影響，繼而產生「公共健康」的課題，如空氣汙染、水汙染、溫室效應與人際關係等 (Frumkin, 2002)，如美國環境保護組織 (EPA) 研究指出有一氧化氮、碳氫化合物與二氧化碳的汙染，大部分來自於汽車導向 (AOD) 都市設計下的建成環境，這些物質將會嚴重地汙染到空氣品質，也會進而影響到身體健康，如呼吸道的健康等。EPA 又指出二氧化碳是造成溫室效應的主因，導致全球暖化與氣候變遷，而有 26% 的溫室氣體來自於美國的蔓延導向的 AOD 大城市。

　　1960 年代開始，都市紛紛無秩序地向外擴展，去尋找一個好的環境，去蓋一棟美麗房子，以享受個人主義的樂趣，導致形塑出一座座汽車導向的蔓延城市，這樣的發展結果，人們非但沒有住到好的環境，也沒有得到身心的抒放，反而導致了「公共健康」與「身體健康」的各項課題。時至 1993 年時，近代都市設計學家 Peter Calthorpe，在其 *The Next*

American Metropolis 一書中指出，都市有秩序的發展是基於一個良好的運輸設計與都市設計意涵，而都市發展的健康與否取決在於「交通運輸系統」的型態，據此提出一個以大眾運輸為運輸系統的都市設計概念，稱之為大眾運輸導向發展 (Transit-Oriented Development, TOD)，一個以「健康」為目標，整合大眾運輸系統於都市設計中，亦成為 2000 年代都市設計的主要思潮。可見妥善改善大眾運輸步行環境，使民眾從以往的私人運具使用，轉往以步行搭乘使用大眾運輸工具為當前首要課題。

一、居住環境定義

以往居住環境規劃設計的目的都是依照 WHO 所規範之四大理念作為設計宗旨，但近年來受到全球暖化等環保意識抬頭，居住環境規劃也有很大轉換。居住環境係指 living environments 或 residential environments，世界衛生組織 (WHO) 早在 1961 年曾就居住環境提出了 4 個基本理念：安全、健康、便利和舒適。如陳玫秀 (2005) 指居住環境為人類生活環境的一環，係指作為居住空間的環境，換言之，舉凡所有與居住生活有關的一切有形的設施及無形的各種條件或背景，均歸為居住環境之範疇。若依空間層次劃分，國內最常將居住環境分為住宅內部環境及外部環境兩大部分，住宅內部環境指的是住宅規模、隔間、設備、水電瓦斯供給等，而住宅外部環境指的是社區各項公共設施、環境公害、鄰里關係、住宅景觀等，而國外有關於居住環境的研究，大多是將居住環境劃分為住宅 (house)、鄰里 (neighborhood)、鄰居 (neighbor) 三部分，亦稱為居住環境的三個基本元素。張余 (2007) 認為居住環境是城市空間的細化和延續，每個人所選擇的居住環境表達每個人支持的生活方式和城市面貌，而城市的面貌將長久地規定著我們的生活品質和身心狀態，所以對居住環境的仔細挑剔意味著對未來生活中人與自然、人與社會、人與人關係的規劃。

二、TOD 居住環境設計原則

　　城市的本質包含了城市、郊區與自然環境 (Calthorpe, 1999)。這三者是緊密結合的元素，自然環境會受到我們的遷移方式與應用，在城市、郊區有所不同。另外，興建郊區方式會影響城市市中心區的可行性與活力。而文化基礎又更進一步地影響我們選擇進行發展的自然環境與場所。所有的因素，在本質上均互相依賴，同時透過我們對社區的概念而使其互相連結。如何在郊區、城市與區域中整合土地使用與人口組成的社區，建構適於步行、更符合人性尺度的社區是重要的。設計社區時，應同時整合政治、經濟、生態、社會、技術、美學與意識型態等向度，但現實生活中，建築師、規劃師、景觀建築師、交通工程師、土木工程師、生態學家、開發者、環保人士、銀行家、甚至是鄰里團體，僅專注於本身專業部分，缺乏整合。就如同臺灣道路，三天一小挖，五天一大挖，導致人民生活品質受到影響，這個問題顯示出社區設計必須是以多角度去思考，如果將問題分段處理通常只會導致失敗。

　　Calthorpe(1999) 認為「美國夢」是一種都市成長的象徵，而「美國都市」則可反應出其不斷改變的特質。這兩者以一種複雜、交互的循環，互為因果。當其中一者構築了一個夢想，將我們推向一個都市或社區的新視野時，另外一者則反應出城市的改變，是嚴苛的現實或是誘人的契機。現在又是再次改變的時刻，而城市與夢想，也將一同改變。相對於美國都市的發展，近年來臺灣大多都市計畫多集中於都市中，不斷地興建大樓，不斷地開發土地；彷彿所有的工作機會只存在於都市中；好像所有的土地及能源都是取之不盡，用之不竭。受到全球經濟蕭條影響，家庭規模已經不像以往的龐大，家庭的特性有大幅度的轉變，臺灣由以往的單薪家庭，改變為雙薪家庭。且家庭成員的數量正在逐漸減少中。臺灣都市人口近年來呈現零成長，而政府並未重視少子化、人口老化議題，未來臺灣將邁入老

年化時代，因此良好的都市規劃是重要的。以往認為只要在道路上多新開闢一個車道，就可以解決交通擁塞的問題，過去的汽車導向發展模式逐漸出現機能不良的現象並且產生了巨大的社會成本——而這些成本，最終也必須由納稅人、消費者、企業及環境等共同支付，因此我們應該注重都市整體區域之發展，同時考量生態環境、購買能力、公平等需求。我們的社區必須設計以公共領域為主，土地分區必須符合人性尺度，而鄰里的土地使用與人口組成必須具備多樣性。最後，都市的形式及特性，必須與歷史背景、獨特的生態環境及廣泛的區域性結構加以結合。

　　Calthorpe(1999) 進一步提出發展都市、郊區與城鎮的綜合性策略之「指導方針」，不同於典型的「設計準則」，設計準則主要與美學、建築原則相關，而此處所指的方針將為以發展社區、鄰里、行政轄區與整個區域的方式，明確地定義出環境建設的內容與方向。作者認為都市發展之指導方針是由三個一般準則所構成：第一點，應該由公共交通運輸系統的擴張情況與精簡的都市形式，引導發展的區域性結構；第二點，應該以多用途、適於步行鄰里的標準，取代普遍存在的單一使用分區；第三點，都市設計政策應該創造一個公共領域與人性尺度導向的建築物，而非建構於私人汽車導向或領土為主之結構體。大眾運輸導向發展特別強調區域與大眾運輸系統結合的重要性，此種宏觀的看法，可幫助破碎的都會區域安排發展順序 (Calthorpe, 1999)，並促進都市增建與再開發的結果。此類開發模式中，大眾運輸導向發展不是唯一的目標，然而其潛在的結果，將為此策略帶來更多的利益。作者認為良好的步行環境是 TOD 最重要的部分，如果我們減少汽車使用率，我們必須替單獨駕駛提供更多的替選方案，應該在所有交通行程的起點與迄點處，創造出舒適的步行環境。另外在街道兩側種植行道樹並設置建築物出入口，使步行環境更親近步行者 (pedestrian-friendly)，也有助於大眾運輸導向發展。以上的土地使用的配置也可以運用於汽車共乘上，讓人們更有效率地使用汽車。每一種交通運輸方式均扮

演著非常重要的角色，在解決城市與區域逐漸增加的交通問題上，大眾運輸導向發展是個良好解決方案。透過大眾運輸導向發展，縮短交通運輸距離、結合多個目的地、汽車共乘制、步行與自行車的使用方式等均有強化的現象。

　　大眾運輸導向發展的結構呈節點狀，以商業中心、市政使用與潛在的公共交通運輸站為主。可由零售業、公共交通運輸站的空間需求以及鄰里與轄區中一個易於辨識的社會中心的特質需求等因素來判斷。透過舒適的步行距離，大眾運輸導向發展即可配合市政或公共交通運輸系統的整用，以及住宅、工作與周圍公共空間的彈性式計畫，組成一個核心商圈。雖然這些主要土地使用的結合程度與密度受到某些限制條件的控制，但主要還是取決於每個基地的特性與經濟情況。環繞大眾運輸導向發展的區域為次要區域 (secondary area)，該類區域是為了低密度的土地使用、大面積土地的單位住宅、學校、較大型商業與主要公園而設置的。總而言之，Calthorpe(1999) 認為大眾運輸導向發展 (TOD) 居住環境設計原則為：

　　（一）就區域性層級而言，大眾運輸導向發展必須以緊密結實、同時在有公共交通運輸系統支援的情況下進行有組織的發展。

　　（二）商業、住宅、工作、公園與市政使用空間，配置於公共交通運輸站周圍步行可及的距離之內。

　　（三）創造出親近步行者，並且可以直接連接至地方性目的地的街道網絡。

　　（四）提供各式各樣住屋形式、密度與價位的組合。

　　（五）保留敏感的棲息地、河岸區域與高品質的開放空間。

　　（六）創造出以建築物面向與鄰里活動為焦點的公共空間。

　　（七）在現有的鄰里中，沿著公共交通運輸系統促進都市增建與再開發。

三、TOD 居住環境類型

　　TOD 規劃模式下居住環境類型有商務商業導向、產業園區配套型、純居住功能型（劉婷婷、林濤，2009）。而 Calthorpe(1999) 認為大眾運輸導向發展之居住環境，是一個步行至公共交通運輸站與核心商業區的平均距離為 600 公尺的多用途土地使用社區（如下圖 4-1-1）。大眾運輸導向發展將住宅、零售、辦公、開放空間與公共使用等空間，合併於一個適於步行的環境中，使當地居民與受僱員工得以便利地藉由搭乘公共交通運輸系統、騎乘自行車、步行或是駕駛汽車等方式，達到交通運輸的目的。

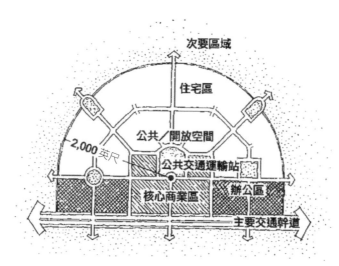

圖 4-1-1　大眾運輸發展導向 600 公尺以內生活圈
資料來源：Calthorpe，劉依婷 (1999)

　　Calthorpe(1999) 將大眾運輸導向發展居住環境類型分為都市型、鄰里型、核心商業型、住宅型、公共使用型等，以下以都市型、住宅型為例來論述：

（一）都市型的大眾運輸導向發展

　　都市型大眾運輸導向發展應在城際鐵路、區域鐵路或是客運站之大眾運輸幹線路網上，並結合高商業強度、工作機會與中高住宅密度來發展（如下圖 4-1-2）。都市型大眾運輸導向發展可以產生工作機會與高密度使用之區域，如辦公室、社區服務性的零售中心，以及中高密度的住居區等。

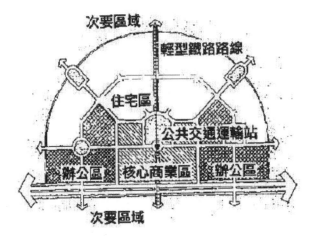

圖 4-1-2　都市型的大眾運輸導向發展區
資料來源：Calthorpe，劉依婷 (1999)

　　對於可以輕易由運輸場站至高密度住宅區，或是創造出高比率工作之開發基地，Calthorpe(1999) 建議使用特別指導方針。當都市型的大眾運輸導向發展區位於現存的已開發鄰里中時，比較適合應用地方性規劃成果中所建議採用的密度與多用途土地使用。都市型的大眾運輸導向發展之間的距離大約為 800 公尺至 1,600 公尺之間，以符合車站空間的指導原則。

（二）住宅型的大眾運輸導向發展

Calthorpe(1999) 認爲住宅型的大眾運輸導向發展，應位於核心商業區與運輸場站之便利步行距離範圍內。住宅的密度需求應該符合住宅種類的混合情況，其包含小面積土地的獨戶住宅 (single-family)、二層樓或三層樓多棟聯建住宅 (town-homes)、各戶有獨立產權的大廈 (condominiums)，以及公寓大樓 (apartments)，如下圖 4-1-3 所示。

圖 4-1-3　住宅型的大眾運輸導向發展區
資料來源：Calthorpe，劉依婷 (1999)

Calthorpe(1999) 認爲住宅區應由核心商業區與公共交通運輸站延伸擴張，直至平均半徑達 600 公尺、步行 10 分鐘的範圍內。區內應該包含各式各樣不同的住宅種類，例如一個小面積土地的獨戶住宅，或是公寓建築。平均最小住宅密度的要求條件，是爲了替所有的大眾運輸導向發展設定一個基本的住宅密度標準，同時鼓勵住宅種類的多樣性。在此區域內，可以採取混合性的住宅，例如：部分爲高密度，部分採低密度，以符合總平均最小住宅密度的需求。

另外，Cervero et al. (2008) 實證發現居住型之 TOD 可以降低常規發展所產生的交通比，然而大部分的 TOD 停車設計，是假設 TOD 和交通之常規發展有些許的不同，這種荒謬的假設導致較少 TOD 專案興建。Cervero 認爲 TOD 發展可減少負擔以及降低 TOD 發展中所產生的問題，因爲他們是以不正確的假設下所產生的交通影響。過去 11 年於軌道交通

的公共投資將近 75 億美元，希望能降低在交通的時間成本和居住成本，都還未實現。TOD 政策價值的計畫，例如減少汽車行駛是容易被理解的。但大多數美國 TOD 地區不注重鐵路站附近停車的事實，這些潛在政策的利益是被忽略的。

（三）TOD 居住環境特徵

　　TOD 基本特徵之一為較高的土地開發密度，目的在於提升開發密度來增加土地使用效率。開發密度的提升除了可以增加公共交通客流量、提高運輸業者的收益外，還可以使區域內的商業中心增加人潮，提高該地區的商業價值。Cervero and Kockelman(1997) 認為主要以發展密度以及混合土地用途和在轉運中心附近創造方便行人的城市設計作為 TOD 規劃主要模式。Sung et al.(2006) 及韓國運輸研究所 (2010) 建議在鐵路區域發展高密度的 TOD 規劃。TCRP REPORT 128 引用學者之研究，Cervero and Duncan(2003)、Handy et al.(2002)、Ewing et al.(2008) 指出混合土地使用、住宅和就業密度、良好的街道連結以及高昂的過路費有助於降低汽車的依賴；TCRP REPORT 128 引用學者之研究，Cao et al.(2007) 認為建築環境會改變旅行模式；TCRP REPORT 128 引用學者之研究，Renne and Wells (2005) 發現旅客承載量和人口 / 房屋密度與就業密度有密切關係。Cervero et al.(2009) 曾以每公頃的住宅單位 (dwelling units per hectare)、建築物所占用土地面積 (% of land area occupied by buildings)、平均樓層高度 (average building floor height)、樓地板面積比率 (plot ratio)，進行研究。Sung (2011) 以韓國首爾為例，進行 TOD 高密度城市研究，並以住宅密度 (residential)、商業密度 (commercial)、辦公密度 (office) 之總和，用來估算土地使用的建築物樓地板面積，故對於 TOD 環境可採用建築密度、建築體積、居住人口、就業人口、及業人口、建築物所占用土地的百分比，

作爲衡量 TOD 環境特徵之密度特徵。

　　TOD 理念下提供居民各種類型的便利服務，如商店、銀行、購物中心、公園綠地等等，以滿足居民所需。混合使用除了可以以平面式或區域內的多種建築中，即使在同一個建築物內也可以實現混合使用，稱爲垂直式混合使用。TCRP REPORT 128 引用學者之研究，Salvensen (1996) 指出在某個特定區域內採用混合使用的大眾運輸車站，多數地主可以擁有這些土地；TCRP REPORT 128 引用學者之研究，Bernick and Cervero (1997) 則認爲以 TOD 爲中心，結合混合使用及都市設計的社區，可以引導居民及消費者使用大眾運輸。TCRP REPORT 128 引用學者之研究，Sung and Kim (2005) 研究指出不同的 TOD 類型，例如住宅型、就業型爲導向之混合使用的鐵路場站能夠提升載客量。TCRP REPORT 128 引用學者之研究，Loo et al. (2010) 研究指出混合土地使用、運輸場站特性，以及社會經濟和人口特徵會影響載客量。TCRP REPORT 128 引用學者之研究，Cervero et al.(2004)、Newman and Kenworthy(2006)、Barton et al.(2003) 認爲 TOD 整合土地使用和運輸場場站，主要目的是防止都市蔓延。Cervero et al.(2009) 使用土地利用結構熵指數 0-1 級 (entropy index of land-use mix)、垂直建築物的比例混合 (proportion of buildings vertically mixed)、建物兩倍使用占總建築面積的比例來衡量 TOD 環境特徵之混合使用特徵。Sung (2011) 則是以土地混合使用組合指數 (Land-Use Mix, LUM) 來評估混合使用，並分爲兩種不同類型評估，首先以住宅區和非住宅區來評估指數與土地利用類型，另一種是以住宅型、商業型、辦公型及其他類型，來衡量多樣性。

　　TOD 模式中，非常注重人們的步行環境與行爲。TOD 的空間尺度主要就是利用步行距離來衡量，因此步行環境必須以人爲本，給予人們舒適、安全與便利的步行空間。Calthorpe（1999）認爲良好的步行環境是 TOD 最重要的部分，我們應該在所有交通行程的起點與迄點處，創造

出舒適的步行環境。另外在街道兩側種植行道樹並設置建築物出入口，使步行環境更親近步行者 (pedestrian-friendly)，也有助於大眾運輸導向發展。Cervero et al.(2009) 主要以設施 (amenities)、場站和街道設計 (site and street design) 以及安全性 (safety) 三大面向來做評估，設施部分以公共公園占土地總面積之百分比 (public park area as % of total land area)、平均公園大小 (average park size, hectares)、中央分隔島道路連結百分比 (% of road links with median strips)、紅綠燈密度 (traffic light density)、樹木密度 (tree density) 來進行評估；場站和街道設計以平均空地大小 (average lot size)、街道密度 (street density)、交叉路口比率、自行車車道密度、橋梁數量等問項進行衡量；安全性部分以人行天橋的數量、每年行人發生事故次數、主要道路的汽車速度、每年交通事故死亡數、每年報案次數來評估 TOD 環境特徵之設計特徵。Sung et al.(2011) 則是以不同形式的街道和建築模式來衡量行人以及汽車駕駛之方便程度 (degree of convenience)。

　　TOD 最重要的核心就是運輸服務，成功的 TOD 也有賴運輸服務的吸引力，一般而言主要以鐵路運輸為主，陸運為輔。在 TOD 規劃區中土地開發和運輸營運是相輔相成，運輸服務的品質除了考量發車頻率、營運效率；公車站牌的設計或是公車轉運站之建築設計、路線指示牌、各種交通運輸工具之銜接時間等等，都會影響運輸服務的品質。因此，良好的 TOD 設計必須考量旅行需求和住宅地點，以吸引既有和潛在的顧客。Cervero (2009) 以公立學校 (public schools)、醫院、公共圖書館、購物中心 (shopping centers)、教堂以及銀行之數量，作為衡量指標。Sung et al. (2011) 則是以汽車或火車，由一個地區至另一個地區之旅行時間 (travel time)，以及由一個既定的地區搭乘鐵路與計程車到達其他核心商業區 (CBDs) 的平均旅行時間 (average travel time)。

　　大眾運輸的可及性係指民眾搭乘大眾運輸至某地點的服務品質以及方便性。Cervero (2004) 研究指出 TOD 降低汽車等私人運具使用的比例；

Kuzmyak and Pratt(2003) 認爲公共設施遠近環境係指在單位時間內可到達的公共設施服務的數量，或者是工作、活動的地點到當地公共設施的可及性程度。因此地區的可及性程度對於旅運的距離有很大影響，如果居住於離公共設施太遠的民眾，比起居住於離公共設施近的民眾，會比較傾向開車。Cervero et al. (2009) 以 BRT 數量、最接近 BRT 車站的距離、BRT 接駁車站數量；Sung et al.(2011) 則是以一個既定的鐵路站區爲例，大眾運輸服務的品質，同時探討場站與乘客之間關聯。例如：巴士路線平均分配時間、低於 20 公里的巴士營運數量，以及一個鐵路車站的出口數量和與其鄰近車站之間距離。此外，學者 Olaru et al. (2011) 以澳洲西部城市作爲研究對象，以商店、學校、醫療中心、娛樂設施和公共交通設施來做實證分析，討論哪些是 TOD 吸引民眾居住的因子，發現居住地越靠近城市和交通設施，居民越喜歡。但僅注重於都市層面與交通環境，仍無法實際說明大眾運輸與健康社區環境的真正影響關係。

　　TOD 新的運輸系統沿線大多居民都是無子女的單身或夫妻。年齡層大多爲年輕的工作專業人員或是年齡較大的獨居老人。特定的 TOD 住宅設計和定價，使 TOD 的居民可能有低、中、高收入。TOD 的家庭通常擁有較少的車，因爲他們的家庭人口數較少，甚至有可能鄰近運輸場站而不需要任何車輛，或是擁有汽車數量爲非 TOD 家庭的一半。選擇 TOD 住宅主要三大原因爲：住房／鄰里設計 (housing/neighborhood design)、住房成本 (housing cost)、是否鄰近運輸場站 (proximity to transit)。TCRP REPORT 128 引用學者之研究發現，Cervero and Duncan (2002) 使用巢式羅吉特分析，作爲舊金山灣區住宅的位置選擇，去預測旅運乘客量，發現大約有 40% 的鐵路通勤族，選擇了居住位置。另外，Switzer(2002) 對於奧勒岡州波特蘭市 (Portland, Oregon) 進行研究，發現 TOD 中大約 56% 的城市居民會輪流使用運輸、自行車、步行或共乘方式去工作，大約 46% 居民使用旅運方式。還沒搬到 TOD 地區之前，大約有 44% 居民輪流使

用運輸、自行車、步行、共乘方式，而大約 31% 居民使用旅運方式。
根據波特蘭市 2000 年人口普查相較下，波特蘭市的旅運工作旅次占了
12.3%。受訪者中，年收入低於 25,000 占了 75%，其中，工作旅次為 78%
和非工作旅次為 84%。對於非工作旅次而言，目前使用替代的運輸模式占
了 55%，32% 的人使用運輸。以往，非工作旅次使用替代的運輸模式占
了 42%，20% 的人使用運輸。且 Podobnik(2002) 研究奧倫西 (Orenco) 這
個比較富有的郊區鄰里 TOD 地區亦發現有 18% 居民經常使用旅運，75%
使用單人汽車來旅行，2.7% 共乘、騎自行車或步行。又 69% 的居民表
示，他們比以前更經常使用運輸，而 25% 使用旅運達到相同水平。在梅
里克 (Merrick) 城市市中心 TOD 區，Dill (2005) 研究發現 23% 居民藉由
旅運來達成工作或上學旅次，44% 藉由私人運具通勤，16% 藉由步行來
通勤。在波特蘭 (Portland)，旅運通勤 12%，76% 的私人運具，步行 5%。
把梅里克 (Merrick) 所有旅次劃分來看，旅客運輸占了 18%，私人運具通
勤占了 53%，步行占了 29%。

（四）健康環境特徵與衡量指標

　　透過國內外相關文獻彙整健康環境特徵與相關衡量指標，首先 WHO
認為理想的健康城市應該具有下列 11 項功能：(1) 乾淨、安全、高品質的
生活環境；(2) 穩定且持續發展的生態系統；(3) 強而有力且相互支持的社
區；(4) 對影響生活和福利決策具高度參與的社區；(5) 能滿足城市居民的
基本需求；(6) 市民能藉多元管道獲得不同的經驗和資源；(7) 多元化且具
活力及創新的都市經濟活動；(8) 能保留歷史古蹟並尊重地方文化；(9) 有
城市遠景計畫，是一個有特色的城市；(10) 提供市民具品質的衛生與醫療
服務；(11) 市民有良好的健康狀況 (Hancock and Kuhl, 1986)。WHO 進一
步整理公布健康城市的 10 項具體指標及內容，包括：(1) 為市民提供清潔

安全的環境；(2) 爲市民提供可靠和持久的食物、飲水和能源供應，並具有有效的清除垃圾系統；(3) 運用富有活力和創造性的各種經濟手段，保證市民在營養、飲水、住房、收入、安全和工作方面達到基本要求；(4) 擁有強有力、相互幫助的市民群體，各種不同的組織能夠爲改善城市的健康而協調工作；(5) 使市民能一道參與制定涉及他們日常生活，特別是健康和福利的政策；(6) 提供各種娛樂和休閒活動場所，以方便市民的溝通和連繫；(7) 保護文化遺產並尊重所有居民（不分種族或宗教信仰）的文化和生活特徵；(8) 把保護健康視爲公眾政策，賦予市民選擇利於健康行爲的權利；(9) 努力不懈地爭取改善健康服務的質和量，並能使更多市民享受健康服務；(10) 能使人們更健康長久地生活、少患疾病。此乃 WHO 根據世界各國開展健康城市活動的經驗，對健康城市提出的要求，使各國可根據本國國情做相應的調整。

另外，爲協助各國建立可量化評估的健康指標，WHO 首先與 47 個歐洲城市初步研擬出 53 個健康城市指標，並進一步討論可行性後刪修爲 32 個可具體量化的健康城市指標（如下表 4-1-1），以此可作爲各城市建立自己城市健康資料的基礎 (City Health Profile)，並可供作爲檢討推動健康環境改善成效之參考。

表 4-1-1　WHO 健康城市指標

類別	指標
健康 指標 (Healthy Indicators)	A1 總死亡率：所有死因 (Mortality: all causes)
	A2 死因統計 (Cause of death)
	A3 低出生體重 (Low birth weight)

類別	指標
健康服務指標 (Healthy Service Indicators)	B1 現行衛生教育計畫數量 (Existence of a city health education program)
	B2 兒童完成預防接種的百分比 (Percentage of Children fully immunized)
	B3 每位基層的健康照護者所服務的居民數 (Number of inhabitants per practicing primary health care practitioner)
	B4 每位護理人員服務居民數 (Number of inhabitants per nurse)
	B5 健康保險的人口百分比 (Percentage of population covered by health insurance)
	B6 基層健康照護提供非官方語言服務之便利性 (Availability of primary health care services in foreign languages)
	B7 市議會每年檢視健康相關問題的數量 (Number of health related questions examined by the city council every year)
環境指標 (Environmental Indicators)	C1 空氣汙染 (Atmospheric pollution)
	C2 水質 (Water quality)
	C3 汙水處理率 (Percentage of water pollutants removed from total sewage produced)
	C4 家庭廢棄物收集品質 (Household waste collection quality index)
	C5 家庭廢棄物處理品質 (Household waste treatment quality index)
	C6 綠覆率 (Relative surface area of green spaces in the city)
	C7 綠地之可及性 (Public access to green spaces)
	C8 閒置之工業用地 (Derelict industrial sites)
	C9 運動休閒設施 (Sport and leisure)
	C10 人行街道 (徒步區)(Pedestrian streets)
	C11 腳踏車專用道 (Cycling in city)
	C12 大眾運輸 (Public transport)
	C13 大眾運輸服務範圍 (Public transport network cover)
	C14 生存空間 (Living space)

類別	指標
社經指標 (Socio-economic Indicators)	D1 居民居住在不合居住標準的比例 (Percentage accommodation of population living in substandard)
	D2 遊民的人數 (Estimated number of homeless people)
	D3 失業率 (Unemployment rate)
	D4 收入低於平均所得之比例 (Percentage of people earning less than the mean per capita income)
	D5 可照顧學齡前兒童之機構百分比 (Percentage of child care places for pre-school children)
	D6 小於 20 週、20-34 週、35 週以上活產兒的百分比 (Percentage of all live births to mothers)
	D7 墮胎率（相對於每一活產數）(Abortion rate in relation to total number of live birth)
	D8 殘障者受僱之比例 (Percentage of disabled persons employed)

資料來源：胡淑貞，WHO(1997)，本文整理

近年來許多研究已經注意到友善環境與健康的關係及個人行為有密切的相關 (MacDougall, Cooke et al., 1997; Kegler, Twiss et al., 2000; Baum and Palmer, 2002)，且社區的環境空間及組織結構深深影響居民互動及交流的機會以及居民參與社區事務的程度 (MacDougall, Cooke et al., 1997; Baum and Palmer, 2002)；社區健康不應只是個人健康狀態累積的結果而應強調健康的社區環境、活力的社區組織，及優質的生活品質 (Chapman and Coulson, 1972; Nettle, Laboon et al., 1989; Abraham and Fallon, 1997; Rafael, 2000; Cibula, Novick et al., 2003；陳淑眉，2005)。亦如白璐 (2011)研究所述，健康社區重點在健康方面是社區的健康營造，其目標則在營造一個健康城市。推動安全社區或健康城市的「社區」沒有區域大小或人口多寡的條件，而是以有無能涵蓋所有的人和環境的多元議題、有無不同領域背景、不同的身分的人一起參與，以及能否永續經營為主要考量。因

此，居民的健康不只是與社區的物理環境結構有關，也跟社區內的社會互動的情形有關。當鄰里是可步行的環境以及在住家附近有維持良好的公共空間，有助於社區認同感的增加及社會互動，而良好的社會互動也能促使居民善加利用社區資源，有助於社區居民健康行爲的養成 (Frumkin, 2003)。

　　沈念旦 (2009) 研究彙整文獻亦指出，世界衛生組織發現各國的高度都市化發展，會對人類健康與環境永續造成負面之影響，提出了「健康城市」的概念，呼籲各國政府能重視環境與人類兩個層面的健康。美國在過去因都市發展快速，而衍生出對環境、財政、社會皆不良的郊區發展趨勢。近期爲導正郊區發展所產生的環境不永續、交通過度依賴私人運具、公共設施闢建之無效率等課題，因而有新都市主義規劃理念之應用。透過新都市主義的人本規劃思維、重塑鄰里關係，以及重視公共空間品質，讓空間與人能維持健康的狀態。臺灣在高度都市化發展的情形下，亦面臨著人口高度集中於都市、交通阻塞、環境汙染、公共設施品質不均衡與鄰里失落等問題。其研究結果發現，受訪者普遍完全認同目前社區課題的有社區缺乏良善的步行空間、社區之公共設施不足，以及社區規劃缺乏與自然環境的結合。新都市主義與健康社區關聯性調查方面，人性尺度的鄰里關係可形塑具安全、健康、高品質的生活環境，安全便利舒適的社區環境可形塑具安全健康高品質的生活環境，以及安全便利舒適的社區環境可滿足社區居民的基本需求與生活機能。最後，於健康社區規劃體系的權重調查中，受訪者認爲滿足社區居民的基本需求與生活機能是社區規劃中要達到健康社區時最爲重要的。其次，於打造適居社區生活是規劃健康社區中應首要重視的設計準則。最後，在規劃策略中，友善人行步道系統獲得受訪者的認同，是建立健康社區時，應重視的項目。因此，了解現況社區課題與新都市主義規劃理念之切合性後，於應用新都市主義規劃理念時，應重視人本思維（即步行社區）。

　　林佳汶 (2008) 研究認爲健康城市如要成功，主要是仰賴政府與社區之間的合作，因而作者從政府與社區間夥伴關係的觀點去探討健康城市的建構與運作過程，以及在此過程中面臨了哪些問題、是否符合健康城市所強調的夥伴觀點，如何能使之永續發展。其研究透過夥伴關係相關理論與文獻檢視，歸納出相關研究焦點，並建構出主要的研究架構，作爲理論與實務分析的基礎，且輔以深度訪談方法，從「參與者與組織內部面向」、「決策面向」、「運作面向」、「外部環境結構」等四個面向。由該研究可見其所探討的健康社區乃係在政策供給層面，且主張其健康規劃策略需由上至下的思維進行，但臺灣都市環境長久以來以此思維進行規劃，至今可深見其規劃供給與民意需求有極大落差，故本文運用一系列科學性分析工具，首先以規劃供給之專家系統進行意見整合，續以民眾問卷進行民眾感受與認知調查所得之民意作爲基礎，使其整體架構內容具有民眾需求基礎並導入大眾運輸發展爲主軸以符合世界潮流。

　　對於健康社區評估是一個動態的過程，故選擇合宜的評估工具，是評估健康的首要工作（吳桂花，2004），該研究以 Trotter、Smith 及 Maurer(2000) 建構的社區評估系統架構 (system framework for community assessment) 進行農村之「社區健康評估」，運用走街法（Windshield Survey）、文獻查證、訪談、參與性觀察方法收集資料，經資料分析後，確立社區健康問題。藉由本土的案例，說明此評估工具的實用性及本土應用時的考量。最後對此社區評估架構之概念清晰度、變項的分類，及指標的可衡量性予以評值。如沈立 (2015) 研究指出，有參加社區健康活動的居民的認同程度皆顯著高於未參加社區健康活動的居民；此外，有參加社區健康活動的居民的總健康意識亦顯著高於未參與健康活動的居民，此研究結果即係透過民眾對於健康環境的感受認知的了解，使其參與其中便能引導改變民眾的日常生活行爲模式。

　　換言之，若其社區環境的不友善則會大爲降低居民外出意願，其封閉

的生活方式會減少社區凝聚力而逐漸與社會隔離，不僅大為影響居民對該地區的認同感，更也就逐漸地開始不在乎生活環境，最後導致居民對社區環境的漠視，也對社會關係越來越冷淡。因此在都市化的過程中，如何透過健康社區加以改善環境因素，讓社區環境脫離惡性循環朝向健康社區與低碳友善環境發展已成為重要課題。如陳孟絹 (2006) 研究以訪談法回收問卷，了解民眾對健康社區的認知與環境態度之觀點，結果顯示，民眾知道健康社區計畫者不多，另外民眾對於健康社區的認知與自己居住社區有理想與現實上的落差，但會基於關心社區的理由而參與社區之公共事務，因此建議政府強化政策宣導管道，另外也建議創造健康社區由民眾自身做起，並且由家中長者帶動參與社區公共事務的風氣，故對於健康社區認知的提升，有助於環境態度之強化，進而促進民眾參與公共事務的動機。

第二節 建構高齡友善健康步行環境結構方程模型

　　對於高齡者身心健康影響難以量化，且高齡者因受身體老化所限制，對於環境的認知與感受及步行需求皆有別於一般大眾，故本文採以高階探索性分析方法，即結構方程模式 (Structural Equation Modeling, SEM)，並輔以運用跨領域結合心理學中常使用的焦慮量表指標，進而建立出第一部分 5 項代表生理與心理影響之構面，以及 15 項可反應之問項，以量測模型探索高齡者身心健康影響與對環境認知及感受的滿意度需求，據以建立問卷透過高齡者訪問進行調查。此外，續以針對高齡者經常群聚之地區（萬華區—龍山寺），進行步行空間路網加以分析，其步行行為係在片段且不連續的都市地理中進行，一般較難以空間作為主體來進行量化研究，故本文以空間型構法則 (Space Syntax) 之理論為基礎，並運用其一系列空間相關量測變數分析步行路網的便捷程度，探討高齡者的流動與周圍環境使用配置的關係，進而以其理論觀點，即越便捷人群越易群聚，而環境設施規劃應配合設置於較便捷地區以符合需求，並內化於問卷題目中進行 SEM 結構模型探索，藉此探討高齡者步行需求與了解步行環境對高齡者步行時的生理與心理影響，以期營造出對高齡者更為友善的 TOD 健康步行環境。

一、SEM 結構方程模式

　　完整結構方程模型包括量測模式與結構模式，量測模式的變項包括三種不同類型變項：一為潛在變項、二為觀察變項（屬潛在因素構面時的指標）、三為測量誤差，由於觀察變項反應其潛在因素的構念時會有誤差，因而每個觀察變項均會有一個誤差變項。結構模式中的變項有兩種：一為

外因潛在變項（又稱自變項、因關係）、二為內因潛在變項（又稱依變項、果關係），外因潛在變項與內因潛在變項間所構成的因果關係，即為 SEM 模型的結構模式，其模型配適度指標與門檻說明，彙整如下表 4-2-1。其中，Hoyle(1995) 與 Diamantopoulos(2000) 建議在進行 SEM 結構方程分析時，其較具檢驗性可納入適配度檢定的指標為卡方值、卡方值／自由度、GFI、AGFI、CFI、RMSEA 等，亦為本文進行 SEM 模型修正之依據。另外，在標準化因素中其負荷量值有些超過 1 者，表示觀察變數之間有高度相關。

表 4-2-1　SEM 模型配適度指標與檢定門檻說明

統計檢定量		數值範圍	最佳配適門檻
絕對配適檢定	X^2	0 以上	卡方值越小越好； 值需未達顯著（大樣本研究例外）
	X^2/df	0 以上	1~5 之間；值比率小於 3 為佳
	GFI	0~1 之間但可能出現負值	越接近 1 配適度越佳； 大於 0.8 優良；0.5~0.8 良好； 0.5 以下為不良配適
	RMR	0~1 之間	低於 0.1
	RMSEA	0 以上	0.05 以下優良；0.05~0.08 良好
增量配適檢定	AGFI	0~1 之間但可能出現負值	越接近 1 配適度越佳； 大於 0.8 優良；0.5~0.8 良好； 0.5 以下為不良配適
	NFI	0~1 之間	越接近 1 配適度越佳； 大於 0.8 優良；0.5~0.8 良好； 0.5 以下為不良配適
	NNFI	0 以上，大多在 0~1 之間	越接近 1 配適度越佳； 大於 0.8 優良；0.5~0.8 良好； 0.5 以下為不良配適

統計檢定量		數值範圍	最佳配適門檻
	CFI	0~1 之間但可能出現負值	越接近 1 配適度越佳； 大於 0.8 優良；0.5~0.8 良好； 0.5 以下爲不良配適
	RFI	0 以上	大於 0.9；0.95 以上達完美配適
	IFI	0 以上，大多在 0~1 之間	越接近 1 配適度越佳； 大於 0.8 優良；0.5~0.8 良好； 0.5 以下爲不良配適
精簡配適檢定	PNFI	0 以上	大於 0.5
	PGFI	0 以上	大於 0.5

二、SEM 模型架構與研究假設

　　本文假設之 SEM 模型架構，如下圖 4-2-1 所示。首先以高齡者在步行時所體驗的空間環境感受與認知，透過心理學中的焦慮量表指標，建立出如「焦慮心境」、「行走影響程度」、「感覺系統症狀」、「空間環境影響」、「步行環境影響」等五項構面作爲依變數，以假設各構面能反應並了解其對「心理影響」與「生理影響」的關係。並依據該五項構面，透過問卷設計方式，各自衍生其代表觀測變數（自變數）形成量測模型，以此探索步行環境對高齡者健康（心理與生理）影響。

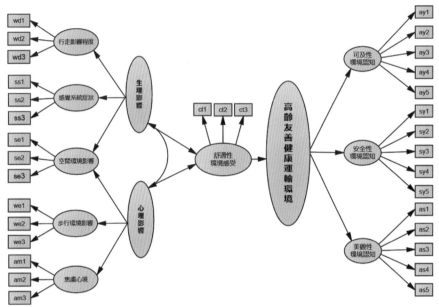

圖 4-2-1　高齡友善健康步行環境之 SEM 架構模型圖

三、Space Syntax 空間量測變數

　　空間型構法則 (Space Syntax) 之理論，係基於空間分割方法—軸線法的應用，即由一般都市道路系統中，以軸線方式呈現，其分析單元與一般傳統方法或重力模型，所觀察的十字路口或建成環境資料有相當之差異，其軸線法應用主要係將空間視為主體存在，而觀其路網結構是否相連接，以拓樸概念進而導出相對應的連接圖，以圖 4-2-2 為例，將分割的每一部分作為圖的節點，故圖的連接取決於每一部分之間是否相交，據此進行一系列的分析與計算，並以視域化方式呈現該地區路網之間的相對關聯性與便捷性。

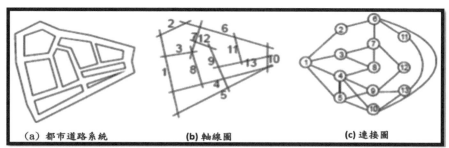

圖 4-2-2 軸線地圖與連接圖之轉換示意圖

資料來源：Jiang and Claramunt (2002)

將都市道路系統圖，轉換成連接圖後，即可導出一系列空間分析參數，如連接值 (Connectivity)、控制值 (Control Value)、深度值 (Dept)、平均相對深度值 (Mean Dept)、全區便捷值 (Global)、地區便捷值 (Local)等。其公式與參數說明整理如下表 4-2-2 所示。

表 4-2-2 空間型構法則分析參數說明表

變數名稱	公式	代表意義	變數說明
連接值 (Connectivity)	$c_i = k$	$k =$ 與 (i) 點直接連接的點數目。為一條直線與其他直線相交之節點數。	數值越高，代表可與之直接連通的空間越多，可及性越強。
控制值 (Control Value)	$ctrl_i = \sum_{j=1}^{k} \dfrac{1}{c_j}$	與 (i) 點直接連接的點，i 到 j 之連接值的倒數總和。表該直線與其他直線直接連接的連接值之倒數總和。	表示該點對鄰點控制程度，其值由鄰點而來。數值越高表該空間對鄰接空間之控制度高；可視為控制鄰點進出之數值。

變數名稱	公式	代表意義	變數說明
深度值 (Dept)	$D_i = \sum\limits_{j=1}^{n} d_{ij}$	d_{ij} 為 i 點到 j 點的最短路徑。為該點所居位置的可及性。	為一中間參數； 可對兩不同路網之深度進行比較。
平均 相對深度值 (Mean Dept)	$MD_i = \dfrac{\sum_{j=1}^{n} d_{ij}}{n-1}$	n = 點的個數。為該點所居位置的可及性之比較值。	為一中間參數； 可對兩不同路網之平均深度進行比較。
全區便捷值 (Global)	$RA_i = \dfrac{2(MD_i - 1)}{n-2}$	值越小,代表該空間位於系統中較便捷位置且與整個系統具較高的整合性。	考量某空間與其他所有空間的關係(有別於連接度、控制值僅考慮相鄰之空間);數值越大表該空間在整體空間系統中所處之位置越便捷、公共性越高,相對被造訪的機會也越多。
	$RRA_i = \dfrac{RA_i}{D_i}$	透過 D_i 之標準化,處理當系統中空間個數增加時,平均深度相對減少,使不同大小系統無法比較之問題。	
	$D_i = \dfrac{2\{n[\log_2((n+2)/3 - 1) + 1]\}}{[(n-1)(n-2)]}$	用於標準化集成度。	
	$R_i = \dfrac{1}{RRA_i}$	表示該點居「整體性」系統中之可及程度。數值越大,表示該系統之便捷性越高。	

變數名稱	公式	代表意義	變數說明
地區便捷值 (Local)	以三步距離計算深度，再代入 *MD* 與 *RA* 公式中	表示該點居「地方性」系統中之可及程度。數值越大，表示該地區之便捷性越高。	其計算方法與全區便捷值類似。差異為以「三步之距離」（即連接圖中相隔三個節點）為計算範圍。

資料來源：Jiang and Claramunt(2002)、陳嘉茹 (2008)、謝翊楷 (2019)

四、Space Syntax 研究限制

　　空間型構法則之特點，雖然有助於進行空間主體化研究，但亦能發現其本身不能完全說明路網中行人或車輛分布或運動模式的真實模擬，原因是省略某些要素（如距離、土地價格、就業人口密度、土地使用性質的分布等）的拓撲空間結構與步行活動之間相關關係的描述，但步行行為的進行，因受體力的影響仍會有所限制，需慎選研究對象與劃設研究範圍，如該區域路網結構若較為鬆散，則其分析結果將趨於接近；而過陡、顛簸、狹窄、不易通行等道路均需斟酌排除等，其研究限制說明如下。

（一）距離因素、長度因素

　　雖然 TOD 發展在最適步行範圍（半徑 500 公尺）的劃分下，其距離因素相對較不是影響步行意願的主要原因，但仍有邊際效應的問題存在，因此在研究範圍之劃設，一般則以對象區域為圓心，最高步行 30 鐘的距離為半徑（約 1,600 公尺）作為研究區域。

（二）體力因素

　　一般步行行爲容易受個體體力限制所影響，尤其對於弱勢族群而言（如高齡者、婦女、孩童等）其影響更爲明顯，故本文於問卷問項中，已納入高齡者身體（生理）需求與影響因素，以進行步行考量，後續能以此量化結果進行對照分析討論，可減少該方法與實際現況之限制。

（三）物理因素（道路寬度、坡度）

　　民衆步行行爲與選擇，除受上述兩項因素影響外，更容易受到道路物理特性（如道路寬度、坡度等）所影響。因此，研究區域之邊界宜選取對行人自由活動阻隔效應明顯的限界，如河流、寬度較大的幹道等(Marwan, 2012)，以避免造成分析結果與民衆經驗及認知產生落差。

第三節 高齡友善步行環境與身心健康影響之分析

　　因個體身心健康影響難以具體量化，且高齡者因受身體老化所限制，其對於環境的認知與感受及步行需求皆有別於一般大眾，故運用結構方程模式 (SEM)，結合跨領域心理學用於衡量受訪者其生理與心理狀況之焦慮量表，輔以問卷設計的方式，其問卷架構如下圖 4-3-1 所示，將其內化爲各構面之觀測變數，據以形成 SEM 量測模型，以探討高齡者步行健康運輸環境其身心健康影響與環境的認知感受。

　　對於高齡者訪問與現況的調查，係以案例地區（龍山寺）之高齡者訪問，約歷時 3 個月，共計發放出 600 份問卷，回收 562 份問卷。經初步檢視與信度、效度檢定後，其有效問卷共計爲 450 份（符合 65 歲高齡者），據以建立 SEM 結構模型之大樣本觀測數據資料庫。此外，問卷發放與調查過程中，亦發現高齡者較常活動之時間點爲清晨 6：00-8：00 之間，以及黃昏 16：00-18：00 之間，此與一般民眾活動時間早上 9：00 開始與 18：00 過後較爲不同，故便以此作爲高齡者問卷訪問調查之尖峰時間。

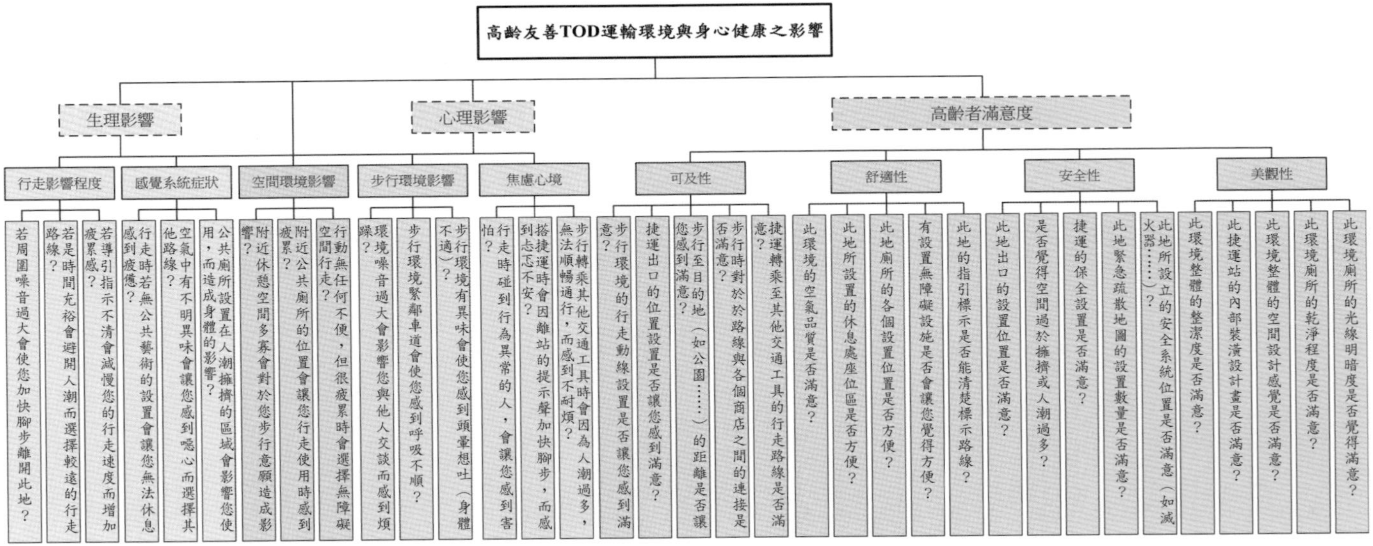

高齡友善 TOD 運輸環境與身心健康之影響

- 生理影響
  - 行走影響程度
  - 感觀系統症狀
- 心理影響
  - 空間環境影響
  - 步行環境影響
  - 焦慮心境
- 高齡者滿意度
  - 可及性
  - 舒適性
  - 安全性
  - 美觀性

圖 4-3-1　高齡者問卷構面與問項之架構圖

一、CFA 結構模型配適度之初步修正與調整

為確保在執行 SEM 整體架構模型之檢定分析時，其 SEM 結構量測模型能更具有代表性，首先以進行分別檢視其 CFA 配適度，依其配適度指標（卡方值、卡方／自由度、GFI、AGFI、NFI、CFI、RMSEA）與修正指標 (Modification Index, MI) 進行結構模型之修正，並分為「身心健康影響指標」與「高齡者空間認知感受滿意度指標」兩大部分，進行架構模型多次修正與調整。依據 CFA 配適度初步檢定與修正後所得之最終模型，據以形成高齡步行友善健康運輸環境之原始模型結構圖，如下圖 4-3-2 所示，其主要係以生理影響與心理影響之五項構面，及其 15 項觀測變數所形成之量測模型，以探索高齡者身心健康影響與對環境認知及感受的滿意度需求而得，其未符合因素負荷量與配適度指標檢定而刪除者。

二、高齡步行友善健康環境之 SEM 結構模型分析

修正原始模型之 CFA 配適度檢定與模型調整後，續以將分別進行 CFA 檢定之「身心健康影響指標」與「高齡者空間認知感受滿意度指標」兩部分重新合而為一，依其研究假設開始進行 SEM 總結構模型之檢定與修正，如下圖 4-3-2 所示。首先，依分析結果顯示，原始模型之卡方值為 376.750；卡方／自由度 =1.576（符合嚴謹 1-3）；GFI=0.774（未大於 0.8 門檻）；CFI=0.785（未大於 0.8 門檻）；AGFI=0.716（未符合大於 0.8 門檻)；RMSEA=0.076（符合小於 0.08 門檻）。雖然模型最重要之配適度指標 RMSEA 已通過小於 0.08 門檻，但其餘配適度指標皆些微不足，故進行總結構模型之第一次修正，即刪除因素負荷量未達 0.5 者（as4 指標 =0.49）。

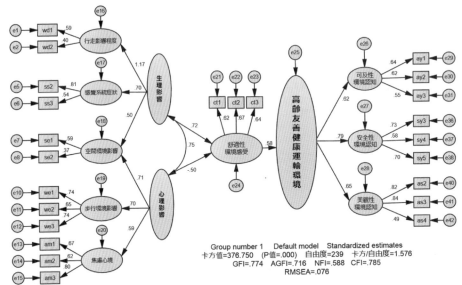

圖 4-3-2　高齡步行友善健康運輸環境之原始模型結構圖

　　經由第一次修正後其結果顯示，卡方值由 376.750 降為 335.968（符合越低越好）；卡方／自由度 =1.548（符合嚴謹 1-3）；GFI 由 0.774 提升為 0.787（仍未大於 0.8）；CFI 由 0.785 提升為 0.802（符合大於 0.8）；AGFI 由 0.716 微幅提升至 0.729（未符合大於 0.8）；RMSEA 由 0.076 降為 0.074（符合小於 0.08)。依其第一次修正分析結果顯示 RMSEA(0.074)更為降低，且其餘配適度指標雖仍未達優良配適之門檻（大於 0.8），但亦皆有所提升，表示整體架構模型朝更良好之配適（符合 0.5~0.8 之良好配適門檻），且 CFI 更已達 0.8 門檻，僅 AGFI(0.729) 略為減少，但仍屬良好配適。觀其因為建成環境對於身心健康影響與環境認知感受較難以量化與表達，不比於一般商業行為（如滿意度、忠誠度、消費行為等）之具體，故未呈現出極度偏差值，且符合 0.5~0.8 之良好配適門檻，即可屬合理之配適。

後續進一步欲以修正指標 (Modification Index, MI) 進行總結構模型之第二次修正，但進行第二次修正後，如刪除 wd2 指標 (0.40)、se2(0.37) 指標，或修正指標 MI 顯著者等，其分析結果皆顯示出，其餘各項因素負荷量與配適度指標皆大量出現異常，表示當前各量測模型與所代表之變數雖影響程度相對較低，但於整體模型結構中則具有重要之影響關係，已無法再進行模型修正與調整，故經第一次修正後之 SEM 結構視為最終模型，如下圖 4-3-3 所示。

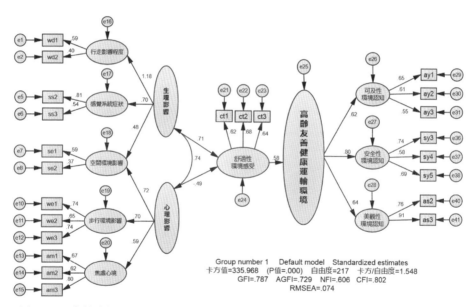

圖 4-3-3　高齡步行友善健康運輸環境之第一次修正－最終模型結構圖

依據高齡友善健康運輸環境之分析結果，針對 SEM 模型配適度指標與結果判斷基準，如下表 4-3-1 所示，進一步將最終模型總配適度指標檢定之結果彙整，並將其各項代表觀測變數與指標名稱及因素負荷量，整理如下表 4-3-2 所示，依此高齡友善步行健康運輸環境結構模型所形成之規

劃評估模式，可用以作為 TOD 發展規劃評估衡量工具之依據。

表 4-3-1　SEM 模型配適度指標與結果判斷

統計檢定量		數值範圍	最佳配適	分析結果	模型配適判斷
絕對檢定	X^2	0 以上	卡方值越小越好；X^2 值建議未達顯著	335.968	達理想配適
	X^2/df	0 以上	1~5 之間；X^2 值比率小於 3 為佳	1.548	達最佳配適
	GFI	0~1 之間但可能出現負值	大於 0.8 最佳；0.5~0.8 理想	0.787	達理想配適
	RMSEA	0 以上	0.08 以下理想配適	0.074	達理想配適
增量檢定	AGFI	0~1 之間但可能出現負值	大於 0.8 最佳；0.5~0.8 理想	0.729	達理想配適
	NFI	0~1 之間	大於 0.8 最佳；0.5~0.8 理想	0.606	達理想配適
	CFI	0~1 之間但可能出現負值	大於 0.8 最佳；0.5~0.8 理想	0.802	達最佳配適

三、SEM 分析之結果討論

　　依據分析結果可發現在屬於生理層面中的觀測指標，「若步行時空氣中有不明異味會讓您感到噁心，而選擇其他路線？」其指標因素負荷量最高 (ss2=0.81)，與其心理層面中的觀測指標，「若步行環境有異味會使您感到頭暈想吐（身體不適）？」其指標因素負荷量次之 (we3=0.74)，由其統計分析數據之結果，可見於生理與心理層面對高齡者之影響呈現出一致，即空氣品質皆會造成生心理層面影響，亦證實於焦慮心境指標中，「轉乘其他交通工具的過程中會因為人潮過多，無法順暢通行，而感到不耐煩 (am3=0.80)」。而上述結果亦與 we2(0.65) 之觀測指標「步行環境緊

鄰車道或行走於車道上會使您感到呼吸不順？」相呼應，顯示出現況環境
其人行道的片段不連續，使步行者被迫行走於車道上而造成心理影響，其
因素負荷量高達 0.70。再從環境認知與感受滿意度指標觀之，其可及性
指標「步行環境的行走動線設置是否讓您感到滿意？(ay1=0.65)」、「捷
運出口的位置設置是否讓您感到滿意？(ay2=0.61)」、「步行至目的地
（如公園……）的路線是否讓您感到滿意？(ay3=0.55)」皆存在影響性，
尤其在實例地區——萬華龍山寺前之公園廣場，常有高齡者群聚與活動，
但其因素負荷量明顯低落 (ay3=0.55)，故也顯示對於其步行環境動線掌握
與步行便捷程度改善為重要影響之關鍵因素。

　　另外，值得注意的是在刪除指標中「行動無不便但疲累時會選擇無障
礙空間行走？(se3)」，以及「有設置無障礙設施會讓您覺得方便？(ct4)」
皆呈現較低影響而未通過門檻，亦顯示一味地進行無障礙設施規劃，未必
能符合高齡者需求，應進一步了解其使用習慣及設置於正確步行動線上，
以避免未達效果而造成公共資源的浪費。

表 4-3-2　高齡步行友善健康運輸環境最終模型之分析結果與排序

構面	變數名稱	生理與心理影響	因素負荷量	排序
行走影響程度	wd1	若周圍噪音過大會使您加快腳步離開此地？	0.59	7
	wd2	若是時間充裕會避開人潮而選擇較遠的行走路線？	0.40	9
感覺系統症狀	ss2	若空氣中有不明異味會讓您感到噁心，而選擇其他路線？	0.81	1
	ss3	公共廁所設置在人潮擁擠的區域會影響您使用，而造成身體的影響？	0.54	8
空間環境影響	se1	附近休憩空間多寡會對您步行意願造成影響？	0.59	7
	se2	附近公共廁所的位置會讓您行走使用時感到疲累？	0.37	10

構面	變數名稱	生理與心理影響	因素負荷量	排序
步行環境影響	we1	環境噪音過大會影響您與他人交談而感到煩躁？	0.74	3
	we2	步行環境緊鄰車道或行走於車道上會使您感到呼吸不順？	0.65	5
	we3	步行環境有異味會使您感到頭暈想吐（身體不適）？	0.74	3
焦慮心境	am1	若在行走的過程中碰到行為異常的人，會讓您感到害怕？	0.67	4
	am2	搭捷運時會因捷運離站的提示聲加快腳步，而感到不安？	0.62	6
	am3	轉乘其他交通工具的過程中會因為人潮過多，無法順暢通行，而感到不耐煩？	0.80	2

構面	變數名稱	環境感受與認知滿意度	因素負荷量	排序
舒適性	ct1	此環境的空氣品質是否滿意？	0.62	8
	ct2	此地所設置的休息處座位區是否方便？	0.68	5
	ct3	此地廁所的各個設置位置是否方便？	0.64	7
可及性	ay1	步行環境的行走動線設置是否讓您感到滿意？	0.65	6
	ay2	捷運出口的位置設置是否讓您感到滿意？	0.61	9
	ay3	步行至目的地（如公園……）的路線是否讓您感到滿意？	0.55	11
安全性	sy3	捷運的保全設置是否滿意？	0.74	3
	sy4	此地緊急疏散地圖的設置數量是否滿意？	0.58	10
	sy5	此地所設立的安全系統位置是否滿意（如滅火器……）？	0.69	4
美觀性	as2	此捷運站的內部裝潢設計是否滿意？	0.76	2
	as3	此環境整體的空間設計感覺是否滿意？	0.91	1

第四節　高齡友善TOD環境配置之空間量化分析

　　以臺北市萬華區－龍山寺捷運站爲研究對象，並以場站周圍 500 公尺之步行路網爲研究範圍，爲了解空間環境對高齡者群聚產生之差異，進而輔以同區域其年輕人較常群聚之捷運西門站爲對照研究（如下圖 4-4-1 所示），爲保步行路網結構之完整性，以兩地廣場商圈或徒步區之空間路網爲分析單元。

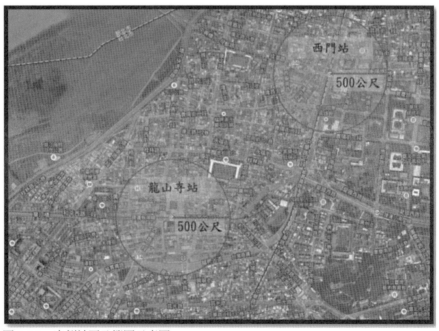

圖 4-4-1　案例地區及範圍示意圖

一、空間分割之軸線法

　　任何一個都市系統都是由兩部分組成，即空間物體與自由空間。空間物體主要是建築物，而自由空間是指由空間中物體隔開的人可以在其中自由活動的空間。自由空間具有連續性，即從任何一點可以到達空間的任何其他點。根據都市環境的自由空間所呈現的情況，一般採用所謂的軸線方法。它的基本原則是：首先劃分一條最長的軸線來代表一條街道，然後劃第二長的軸線與第一條相交，直到整個自由空間或者街道網由一系列線連接，形成軸線圖。而軸線圖是由最少數目的最長直線組成，這也確保了軸線地圖具有都市型態的代表性。

二、視覺空間之整合度

　　就圖示理論本質而言，是一種探討純粹關係的理論。在表達複雜關係的圖示中，被連繫的物體是「節點」，其之間的關係爲「連接線」。如圖4-4-2(a)，在相對深度圖（稱爲 j 圖）中，選擇一個節點作爲整個圖的根節點，並且按照其他點到達根節點所必須通過的最少節點數，而將它們分層放置在根節點上。通過這種方式看待圖解，即可以看出各節點之間的關係，以及其在整體節點中之重要程度。

　　在圖 4-4-2 中，(b) 左邊的 j 圖從根部到頂點的距離較淺，代表人到達該節點是較方便的，並不需要通過很多節點即可達到目的地；右邊的 j 圖較深，代表人要到達目的地需經過許多其他地方，故該節點又被稱爲孤立點。若將兩張 j 圖視爲同一個簡單平面的兩個不同視角，便可拿來進行建築與都市的研究。如圖 4-4-3(a)。以圖 4-4-3(b) 爲例，若選擇一個空間作爲圖示的根節點（黑色），以 0 標記；對於相隔一個節點的四個空間，給其值爲 1。而在兩步之外的三個空間與在三步之外的兩個空間將之加總，到黑色根空間的步數總合爲 16；以此類推圖 (c) 之總步數爲 30。

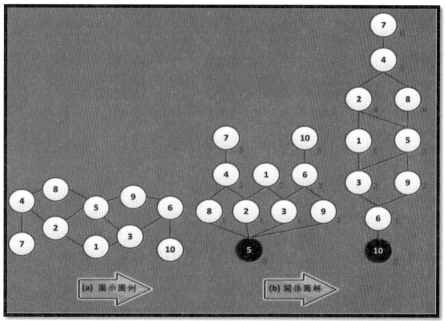

圖 4-4-2 相對深度圖

資料來源：修改自 Hillier and Vaughan(2007)

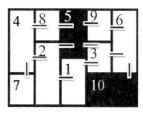

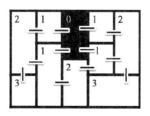

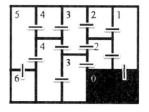

(a) 兩張 j 圖於同一平面上　　　(b) 左邊 j 圖步數計算　　　(c) 右邊 j 圖步數計算

圖 4-4-3 建築及都市相對深度圖

資料來源：Hillier and Vaughan(2007)、陳嘉茹 (2008)

　　在此基礎上進行數學計算，即可得到複合空間中之「整合度」。空間的整合度越低，代表由此空間到達任意的另一空間就越困難。若根據其計

算結果，將空間依梯度上色，即紅色的最大值至藍色的最小值，將可清楚地在視覺上顯示空間整合度之關係，如圖 4-4-4。

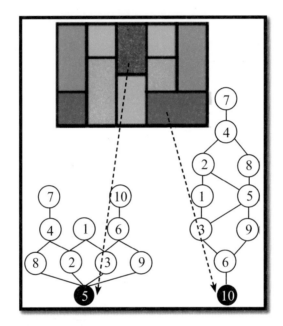

圖 4-4-4　視覺上顯示空間整合度之關係示意圖

資料來源：Hillier and Vaughan(2007)、陳嘉茹 (2008)

　　故依 Space Syntax 理論與空間分析方法及一連串量測變數，進行捷運龍山寺站（高齡群聚）與捷運西門站（青年群聚）步行單元之 Space Syntax 分析，其範圍如下圖 4-4-5 所示。依現況發展發現較顯高齡者群聚現象之龍山寺站，其周圍具有較為傳統之商店街與市集（如華西街等），而屬青年群聚之捷運西門站者周圍商圈規劃為行人徒步區，其範圍內禁止汽、機車通行，經現況調查發現該兩地物理距離相當鄰近，約 1.5 公里（步行時間約 20 分鐘），但其現況環境發展卻差異甚大，故以該兩地之

步行環境與空間路網作爲實例分析探討對象，能更爲有助於了解高齡者群聚之需求與要素。

(a) 捷運西門站　　　　　　　　　(b) 捷運龍山寺站

圖 4-4-5　現況路網與 Space Syntax 分析範圍之示意圖

　　首先，依據其空間分割方法，將現況步行路網結構（如上圖 4-4-5）轉換繪製成軸線分析圖，並給予各路段名稱予以編號，視爲步行分析單元，如下圖 4-4-6 所示，當中共可分爲 31 個分析單元（捷運西門站）與 51 個分析單元（捷運龍山寺站），其分析單元包含一般道路（含車道）、人行道、騎樓、人行穿越性質等，其中單元 1 皆爲鄰近捷運場站之路段，其路段名稱鄰近捷運西門站爲中華路 1 段、鄰近捷運龍山寺站爲和平西路 3 段，係爲捷運場站主要之出入口。因此，本文以該單元爲根節點，進而運用 Space Syntax 空間分割方法，以繪製出拓樸連接圖（如下圖 4-4-7 所示），最後，透過連接圖進行一系列空間量測變數之計算，其步行空間量化分析結果，彙整如下表 4-4-1 與表 4-4-2。

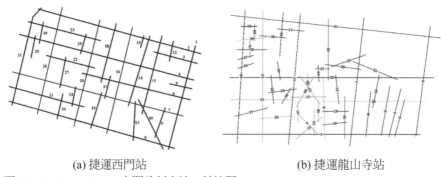

(a) 捷運西門站　　　　　　　　　　　(b) 捷運龍山寺站

圖 4-4-6　Space Syntax 空間分割方法—軸線圖

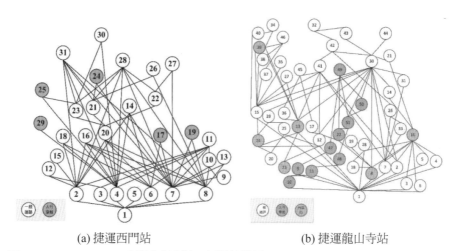

(a) 捷運西門站　　　　　　　　　　　(b) 捷運龍山寺站

圖 4-4-7　Space Syntax 空間分割方法—拓樸連接圖

　　以路網的結構特性作為空間可及性分析資料，捷運西門站徒步區空間可劃分為 31 個分析單元，其中地區便捷值 (R3 值) 最大值為 5.7523，最小值為 1.1492，平均值為 2.6122；路網連接值最大值為 14，最小值為 1，平均值為 4.5161；路網控制值最大值為 4.4440，最小值為 0.0909，平均值為 1；平均深度值最大值為 2.9，最小值為 1.7666，平均值為 2.4，其分析數據結果統計整理，如表 4-4-1 所示。

表 4-4-1　西門徒步區空間型構之量測分析觀測表

路網空間特性	分析單元	最大值	最小值	平均值
連接值 (Connectivity)	31	14	1	4.5161
控制值 (Control Value)	31	4.4440	0.0909	1
平均深度值 (Mean Dept)	31	2.9	1.7666	2.4
地區便捷值 (Local)	31	5.7523	1.1492	2.6122

　　龍山寺步行廣場商圈空間可劃分為 51 個分析單元，其中地區便捷值最大值為 4.9605，最小值為 1.1634，平均值為 2.3648；路網連接值最大值為 16，最小值為 1，平均值為 3.9215；路網控制值最大值為 5.2123，最小值為 0.0625，平均值為 1；平均深度值最大值為 3.78，最小值為 1.92，平均值為 2.8627，其分析數據結果統計整理，如表 4-4-2 所示。

表 4-4-2　龍山寺步行廣場商圈空間型構之量測分析觀測表

路網空間特性	分析單元	最大值	最小值	平均值
連接值 (Connectivity)	51	16	1	3.9215
控制值 (Control Value)	51	5.2123	0.0625	1
平均深度值 (Mean Dept)	51	3.78	1.92	2.8627
地區便捷值 (Local)	51	4.9605	1.1634	2.3648

　　由以上兩結果表顯示，西門徒步區（值最大為 5.7523），表示該步行空間整體較便捷於龍山寺步行廣場商圈（值最大為 4.9605），分析結果整理如下表 4-4-3 與表 4-4-4。經由實地勘察發現，西門徒步區之步行路網，其各單元大多彼此相連接，而龍山寺步行空間彼此則較受阻隔互通不易，此可由兩地區的平均深度值實證之，其中西門平均深度最大值為 2.9、平均值為 2.4，龍山寺平均深度最大值為 3.78、平均值為 2.8627，可見西門徒步區整體步行路網結構深度較低，步行者較易於路網結構中行走；

且西門徒步區相較於龍山寺廣場商圈具有較高的連結性（連接值平均為
4.5161）。因此，龍山寺廣場商圈具有較高的控制值（最高為 5.2123），
其代表可從某步行單元通往另一步行單元的連結性偏高，亦顯示易造成
治安死角，故分析結果亦顯示出龍山寺廣場商圈之地區便捷值（平均
2.3648）低於西門徒步區（平均 2.6122），經以上初步檢視，此分析結果
呈現出符合兩地區之空間使用現況。

表 4-4-3　西門徒步區空間型構之量測分析結果表

單元		路名	Space Syntax 量測變數			
			連接值	控制值	平均深度值	值
空間型構分析結果	①	中華路一段	7	1.84964	1.86667	3.30070
	②	漢口街二段	10	3.02738	2.00000	4.17106
	③	漢口街二段 20 巷	3	0.80952	2.66667	1.89575
	④	武昌街二段	11	3.52738	1.93333	4.50000
	⑤	中華路一段 102 巷	1	0.14286	2.83333	1.14929
	⑥	中華路一段 114 巷、漢中街 50 巷、西寧南路 50 巷	7	1.71786	2.20000	3.22654
	⑦	峨嵋街	14	4.44405	1.76667	5.75238
	⑧	成都路	9	2.52738	2.03333	3.79187
	⑨	峨嵋街 6 巷	2	0.32143	2.63333	2.02765
	⑩	漢中街（成都峨嵋）	4	0.84921	2.20000	2.60691
	⑪	漢中街（峨嵋漢口）	6	0.98853	1.96667	3.09380
	⑫	漢口街二段 20 巷	2	0.43333	2.90000	1.74097
	⑬	成都路 27 巷	2	0.18254	2.60000	2.09074
	⑭	武昌街二段 50 巷	4	0.40519	2.13333	2.72481
	⑮	漢口街二段 42 巷	1	0.10000	2.96667	1.47447
	⑯	西寧南路	5	0.51631	2.00000	2.93911

	單元	路名	Space Syntax 量測變數			
			連接值	控制值	平均深度值	值
	⑰	行人穿越道	2	0.21429	2.60000	2.09074
	⑱	武昌街二段 82 巷	3	0.33377	2.56667	2.25157
	⑲	行人穿越道	2	0.18254	2.60000	2.09074
	⑳	昆明街	8	1.24964	1.80000	3.48539
	㉑	康定路 25 巷	5	1.43452	2.50000	2.59787
	㉒	昆明街 96 巷	3	0.76786	2.63333	1.89575
	㉓	昆明街 74 巷	5	1.43452	2.50000	2.59787
	㉔	行人穿越道	2	0.27143	2.60000	2.09074
	㉕	行人穿越道	2	0.29091	2.83333	1.81851
	㉖	成都路 105 巷	2	0.31111	2.86667	1.74097
	㉗	峨嵋街 103 巷	2	0.40476	2.66667	2.02765
	㉘	漢口街二段 90 巷、武昌街 2 段 120 巷、成都路 133 巷	7	1.10678	1.86667	3.30070
	㉙	行人穿越道	1	0.09091	2.90000	1.56687
	㉚	武昌街二段 91 巷	2	0.29091	2.83333	1.81851
	㉛	康定路	6	0.77345	1.93333	3.11857

表 4-4-4 龍山寺廣場商圈空間型構之量測分析結果表

類型	單元	路名	Space Syntax 量測變數			
			連接值	控制值	平均深度值	值
步行道路	(51)	人行穿越	5	1.34583	2.68	2.78071
	㊿	人行穿越	3	0.46250	2.76	2.40559
	㊾	人行穿越	5	1.34583	2.68	2.78071
	㊽	人行穿越	2	0.45000	3.30	1.57143

類型	單元	路名	Space Syntax 量測變數			
			連接值	控制值	平均深度值	值
	㊼	人行穿越	2	0.45000	3.30	1.57143
	㉒	人行穿越	4	0.69167	2.86	2.48195
	⑪	人行穿越	4	1.15476	2.82	2.48195
	⑩	人行穿越	3	0.57143	2.88	2.25157
	⑨	人行穿越	4	1.15476	2.82	2.48195
商店街	⑯	三水街（康定路）	10	3.80952	2.82	4.27660
	⑬	華西街、和平西路三段 159 巷	9	2.56012	2.10	3.73764
	⑧	和平西路三段 109 巷	6	1.48393	2.38	3.19353
	㉔	三水街（福州街）	5	1.16944	2.68	2.74924
	㊴	華西街 26 巷	4	1.04444	2.84	2.39631
	㉓	西園路一段 212 巷	2	0.23611	2.92	1.89187
一般道路	㉚	廣州街	16	5.21230	1.92	4.96050
	①	和平西路三段	14	3.97897	2.02	4.58710
	⑮	梧州街	10	3.56012	2.06	3.88906
	⑫	西園路一段	8	2.06012	2.22	3.55555
	⑦	康定路	7	1.71012	2.32	3.35836
	㊶	桂林路	7	1.31230	2.42	3.28271
	②	昆明街	4	0.37679	2.42	2.90449
	㊷	西昌街	4	1.03869	2.72	2.64706
	㉘	和平西路三段89巷16弄（三水街）	4	1.17143	2.80	2.56596
	⑭	廣州街 92 巷	2	0.16250	2.66	2.41773
	㉑	廣州街 140 巷	2	0.16250	2.66	2.41773
	㉙	廣州街 186 巷	3	0.59583	2.78	2.40559
	㉛	康定路 173 巷	2	0.20536	2.60	2.36842

類型	單元	路名	Space Syntax 量測變數			
			連接值	控制值	平均深度值	值
	③	和平西路三段 51 巷	2	0.17143	2.88	2.15103
	④	和平西路三段 55 巷	2	0.17143	2.88	2.15103
	⑤	和平西路三段 59 巷	2	0.17143	2.88	2.15103
	⑥	和平西路三段 81 巷	2	0.17143	2.88	2.15103
	㊸	廣州街 209 巷	2	0.56250	2.86	2.15103
	㊳	華西街 30 巷	3	0.54444	2.88	2.13977
	㊹	廣州街 223 巷	1	0.06250	2.90	1.95136
	㉕	三水街 115 巷（廣州街）	3	0.95833	3.12	1.89575
	㉗	西園路一段 212 巷	2	0.21111	2.92	1.89187
	㉖	康定路 278 巷	3	0.89286	3.20	1.83333
	㊺	西園路一段 136 巷 16 弄	3	1.14286	3.32	1.83333
	㊱	華西街 29 巷	2	0.44444	3.00	1.74097
	㊲	華西街 30 巷 10 弄（梧州街）	2	0.43333	3.00	1.74097
	㊵	梧州街 1 巷（桂林路）	2	0.60000	3.00	1.74097
	㊻	華西街 30 巷 10 弄（華西街 26 巷）	3	1.08333	3.74	1.69825
	⑰	西園路一段 136 巷	2	0.45833	3.12	1.65878
	㉝	康定路 250 巷	2	0.47619	3.24	1.47837
	㉟	華西街 40 巷	1	0.10000	3.04	1.47447
	⑱	和平西路三段 89 巷 2 弄	2	0.41667	3.32	1.37914
	⑲	和平西路三段 89 巷 16 弄（109巷）	2	0.41667	3.32	1.37914
	⑳	三水街 115 巷（三水街）	2	0.53333	3.62	1.27368
	㉜	康定路 278 巷	2	0.75000	3.66	1.16341
	㉞	梧州街 1 巷（華西街 26 巷）	2	0.75000	3.78	1.16341

　　依據上列分析結果，本文進一步應用 Space Syntax 分析軟體 Axwoman 6.2，進行量測數據之視域化呈現，如下圖 4-4-8 與圖 4-4-9 所示，並續以龍山寺廣場空間（高齡者群聚）為主進行 Space Syntax 視域化分析之結果討論。首先經由現勘調查，其龍山寺前廣場（艋舺公園）常有高齡者群聚，經訪問其主要活動係作為休閒下棋；另亦多有遊民在此停駐休息，經訪談了解，其因為此處公園廣場一般民眾較少前往，此現象亦可實證步行空間分析之結果顯示與之相同。如下圖視域化之結果，特以標記公園廣場範圍（藍色圓圈處），顯示出周圍步行單元係由單元 1、8、12 與 30 所構成，其地區便捷值（R_3 值）皆明顯高於公園內部之步行單元，故一般民眾多避而前往，此也成為高齡者群聚休閒之因。

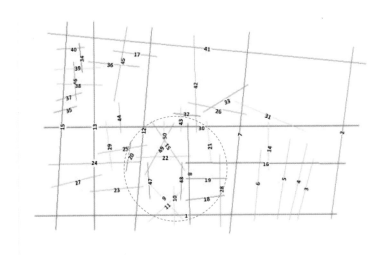

圖 4-4-8　龍山寺步行廣場商圈之空間視域化結果圖

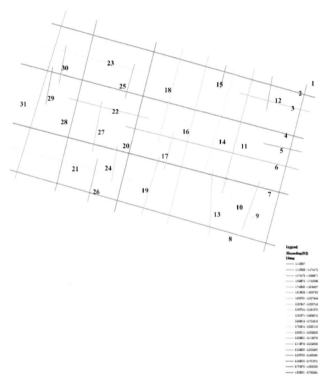

圖 4-4-9　西門徒步區之空間視域化結果圖

　　依高齡者群聚之捷運龍山寺站周圍步行空間路網之 Space Syntax 分析結果，續以納入高齡友善步行健康運輸環境之 SEM 結構方程模型之分析結果，進一步進行結果討論。可以發現在生理與心理影響層面中，如焦慮心境指標「步行時碰到行為異常的人會讓您感到害怕？(am1)」，以及行走影響指標「時間充裕會避開人潮而選擇較遠的行走路線？(wd2)」，顯示出高齡者步行行為考量和需求與一般民眾較為不同，一般認知在行走時通常會選以最為便捷之路段，此亦為 Space Syntax 理論核心。

　　但依 Space Syntax 分析之結果與現況實際調查後，發現其高齡者群聚之現象，卻係呈現出聚集於便捷值相對較為低落之區域，而此由上述

　　SEM 結構模型指標顯示亦能相符合，即高齡者步行考量非以最便捷路段
為主要選擇，故日後進行高齡友善環境改善時，應著重於以控制值較高之
區域（高齡者容易群聚）著手進行。由上述結果亦可見本文運用一系列具
科學性分析工具，能有效量化建成環境對於高齡者身心健康影響，以及對
於步行空間環境亦能將其視爲主體存在進行量化，且其結果亦能反應出高
齡者認知與感受與當地環境現況。

第五章 高齡友善TOD環境與
住宅發展策略建議

　　綜觀國內外並未對高齡友善住宅具明確定義，根據世界衛生組織 (WHO) 所定義的高齡友善城市係指：「一個具有包容性及可及性的都市環境，並能促進活躍老化的城市。」因此，本書於第五章提出一個整合健康、運輸與土地使用的 TOD 都市設計基本概念，由研究成果建立一套混合式多準則決策模式（如圖 5-3-1）。基於臺灣高齡住宅政策及相關法令，綜整從大眾運輸軸線發展模式、社區環境土地使用模式，以及健康環境與 TOD 及土地使用整合模式。

第一節　臺灣高齡住宅政策之課題

　　從先進國家對於高齡人口住宅經驗，如以挪威、丹麥、芬蘭、荷蘭住宅政策強調原居住宅可「在地老化」；而瑞典與澳洲的高齡住宅也強調「在宅臨終」。另外，在英國則是推動「終生住宅」概念來發展「在地老化」；於亞洲地區的日本則致力於推廣「世代住宅」，採三代同堂居住概念（游千慧，2017），從以上各國高齡住宅政策觀察皆朝向達到在地老化之目標。本文以下引述游千慧(2017)於立法院第十屆第三會期專欄議題研析。

一、目前高齡者住宅發展政策相關法令位階較低，無法有效規範及落實

　　目前臺灣關於高齡住宅的相關法規，可分為「獎勵興建老人住宅」、「申請設置與營運管理」，以及「實質空間與環境設計」等三大類。另外，若涉及以下事項亦有相關規範：(1) 涉及獎勵興建者有《促進民間參與公共建設法》、《促進民間參與老人住宅建設推動方案》；(2) 涉及申請設置與營運管理方面則有《老人福利法》、《老人福利法施行細則》及《老人住宅綜合管理要點》；(3) 涉及實質空間與環境設計方面有《建築技術規則建築設計施工編》老人住宅專章、《建築技術規則建築設計施工編》規定公共建築物行動不便者使用設施、公共建築物無障礙設施及老人住宅基本設施及設備規劃設計規範等（游千慧，2017）。然而，目前老年人居住安全及權益之保障，僅依賴行政規則位階之《老人住宅綜合管理要點》，作為直轄市、縣（市）政府辦理老人住宅之申請設置與營運管理規劃之行政指導，並無強制約束力，對於老人住宅之政策方向與發展原則，難有指導之效。因此，提升有關高齡者居住安全與權益保障等相關法規之法律位階，以使其具有相當之約束力，方可有效落實政策目標並達成效果。

二、應於《住宅法》中增訂老人住宅專章，以利推動高齡住宅政策及改善居住品質

　　《住宅法》中對於老人住宅相關規範，65 歲以上之老人歸類於《住宅法》第 4 條具特殊情形或身分，即可承租社會住宅。雖然 65 歲以上之老人即有資格可承租社會住宅，但當中卻未特別預留適當之比例戶數住宅供老人居住之用。另外，也由於《住宅法》中對於高齡者之住宅並無特別的專章予以規範，故對於高齡者住宅發展政策之關注顯有不足。

三、針對高齡友善之建築設計具複雜專業，應建立合作平臺

　　因老人住宅須因應老人不同階段的健康狀況而有不同考量，其中牽涉建築設計之複雜專業，應該與社福單位建立合作平臺，方可在軟體與硬體設計方面，整合老人住宅之需求，建構更為完善之居住環境。然目前在研擬與推動老人住宅政策時呈現資源分散、多頭馬車的情況，故設置老人住宅之專責機構，可有助於整合資源與規劃。

四、建議利用閒置的文教用地與校舍，以解決高齡者住宅供給不足之困境

　　臺灣人口結構，朝向少子化、高齡化發展，人口增長停滯到減少之趨勢明顯，許多學校面臨招生困難之窘境，將來閒置的校舍必然越來越多，若未加以有效再利用，將形成資源之浪費。相對地，我國老年人口逐年急遽攀升，老年住宅之需求增加，但供給卻嚴重不足。因此，透過整體規劃將閒置的文教用地與校舍，改建成適合在地老化之高齡者住宅，除可使校地使用更多元化、增加高齡者住宅供給外，亦能降低維護成本，並有效解決舊有都會區因人口減少頹敗之困境，將可創造老年人、學校、社會及政府多贏的局面。

第二節　臺灣高齡住宅相關政策及法令

　　隨著年齡增加、身心變化，老人越來越不能自立自主生活。這個時候，必須依據老人不同的身心條件，由不同的人力資源，在不同的居住型態裡，給予老人不同的照顧服務。並且，提供各種的中間設施，以構成完整的居住環境（陳政雄，2006；內政部建築研究所，2020）。國內高齡者居住政策發展可源於 1988 年臺灣省政府提出之「臺灣省安老計畫——關懷資深國民福利措施」，各縣市政府以此依據獎助興建老人公寓、積極拓展日間託老與居家服務，以及激勵老人參與社會福利服務，以達計畫使老人健康、志趣、康樂、服務與安養的目標（葉玲玲，2012）。這一階段高齡者住宅係以社會照顧為出發點（內政部建築研究所，2020）。

　　1991 年內政部依「內政部獎助興建老人公寓經營管理原則」補助臺北市、臺北縣、臺南市及高雄縣等 4 縣市興建老人公寓，提供安養老人不同於老人福利機構之照顧模式，並作為推廣辦理各項老人福利服務之據點，老人公寓的所有權為所在地的縣市政府，經營管理方式多採公辦民營（內政部建築研究所，2020）。

　　2002 年內政部修訂《老人福利法》時，定義老人福利機構包括長期照護機構、養護機構、安養機構以及文康與福利機構，其中安養機構係指提供高齡者自費安養之服務設施，爰後續市場開始就高齡者提供專屬之居住安養服務，包含老人公寓、老人安養中心、退休住宅、銀髮住宅、養生村等（內政部建築研究所，2020）。

　　2003 年內政部頒布《老人住宅綜合管理要點》，專供高齡者居住之住宅始有官方定義，依該要點定義老人住宅係依《老人福利法》或依其他相關法令規定興建，且其基本設施及設備規劃設計，符合建築主管機關老人住宅相關法令規定，供生活能自理之老人居住使用之建築物，辦理方式包含政府直接興建國民住宅、專案興建適合老人居住住宅（內政部建築研

究所，2020）。

　　內政部並於 2004 年為滿足高齡化社會對老人住宅多元化的入住選擇，有效促進老人住宅產業的發展，提升老人住宅服務品質，並帶動經濟發展，依行政院核定之《促進民間參與老人住宅建設推動方案》及《促進民間參與公共建設法》規定，以相關促參優惠措施，鼓勵民間運用自有資金參與投資興建老人住宅，其與老人公寓及老人安養機構同屬提供老人安居之設施之一（內政部營建署，2008；內政部建築研究所，2020）。

　　老人住宅不同於機構住宿式照顧，僅提供有生活自理能力的健康高齡者居住，就像一般套房式公寓，只是對象是以高齡者為主。此類住宅內所提供的服務以文康休閒娛樂活動居多，也額外提供飲食、生活諮詢、安全確認與緊急服務等，高齡者居住於其中多數仍是要靠自身去規劃本身的退休生活，住宅體的經營單位本身並不介入過多，而一旦遇有入住高齡者生理狀況轉為失能後，就轉介到機構住宿式的服務，此類高齡者就不再是老人住宅之服務對象（內政部建築研究所，2020）。

第三節 高齡友善混合式多準則決策模式

一、大眾運輸軸線發展模式

對於大眾運輸環境以提倡「永續城市」的概念，藉由發展大眾運輸為基礎，進而提供一個舒適且具有串連性的人行步道與運輸系統，本章節研擬以高齡友善混合式多準則決策模式，如下圖 5-3-1 所示，說明如下。

（一）永續交通：提供多樣的交通設施，包括步行、腳踏車、公車、軌道運輸（火車、捷運、輕軌）等，減少對小汽車的依賴，並以高齡步行友善健康運輸環境之結構模型（如下圖 5-3-2），以妥善考量與評估高齡者的需求，藉以提早因應未來人口老化所造成的交通衝擊。

（二）步行可及與串連性：提供一個適合高齡者步行至大眾運輸車站的步行範圍，以此嚴謹標準亦能適用於一般大眾，帶來更高的步行使用意願，以導正臺灣民眾大多使用私人運具前往搭乘大眾運輸的現象，並透過運輸廊帶串連起居住、工作、休閒、公共服務等場所，形成一個運輸與行人的友善廊帶。

二、高齡友善環境之土地使用模式

在土地使用方面，則是透過「使用密度」與「混合使用與多樣性」建構車站周邊之土地利用模式。

（一）使用密度：越接近車站中心的地區其土地使用強度越高，越鄰近車站商業活動越繁榮，反之為住宅活動。此外，依本文成果，對於土地使用規劃更應考量地區步行結構特性，使土地使用規劃能有別於以往傳統將距離視為唯一評估標準的思維模式，如以 Space Syntax 便捷值高低作為評估參考，其便捷值較高之地區可提高其土地使用

　　密度，反之降低，藉以形成良性改善環境之契機。

（二）混合使用與多樣性：土地發展平面與立體爲混合使用，居住的建物
　　　型態則爲多樣性，如考量妥善老人、小家庭或豪宅與貧戶。

三、健康環境與 TOD 及土地使用整合模式

　　大眾運輸與土地使用整合：透過「永續交通（交通工具）」、「步行
可及與串連性（與土地使用連結的介媒）」的大眾運輸策略結合「使用密
度」、「混合使用與多樣性」的土地使用策略，並充分考量建成環境對步
行者身心健康影響，使其發揮至 TOD 理念中，提升運輸效率及促進土地
有效利用的成效，並引導都市邁向永續發展的目標。

　　根據上述之基礎概念，TOD 都市設計可以定義爲「以大眾運輸系統
之建構，引導居住、工作、購物、休閒等活動空間於大眾運輸路線廊帶上
有秩序之分布，以形塑高可居性、可及性及有效率的都市發展型態與土地
利用模式之謂」。其目的在於降低都市不當的向外擴張型態，提升內都市
之土地使用密度，以提高土地開發及公共設施配置之效益，並改善交通運
輸機能。在方法上，則配合利用調整土地使用管制內容，運用建築設計、
景觀規劃及都市設計之方式，美化都市景觀，達到都市空間在居住、產業
活動及生活機能提供之適宜性。其整體目標是爲了達到永續發展最深層的
意義，因此如下「永續發展」環境、經濟、社會三個層面的目標爲本目標
體系的最終目標：

（一）「環境保護面」，抑制環境資源地區開發，引導發展到大眾運輸廊
　　　帶及車站周邊，以保護生態環境。

（二）「經濟效率面」，透過於捷運車站與廊帶周邊混合土地使用及提高
　　　使用強度，以促進經濟發展與工作效率的提升。

（三）「社會公平面」，在混合土地使用及提高強度的同時，提供多樣化
　　　的住宅型態，以維護社會的公平正義。

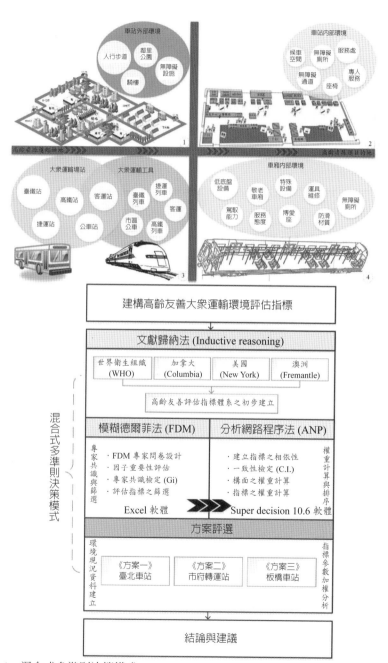

圖 5-3-1 混合式多準則決策模式

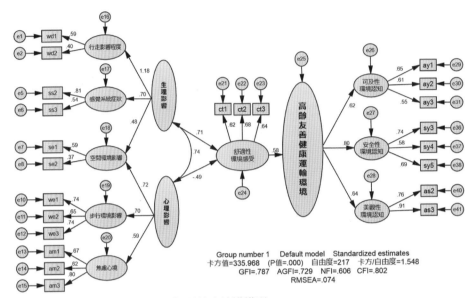

圖 5-3-2　高齡步行友善健康運輸環境之結構模型

　　此外，TOD 也是一種多元規劃主義 (Pluralism)，非但須兼顧健康與永續發展三個層次的目標，將可達到如下七項之成效，以填入式開發 (infill development) 的方式，促使都市朝向更緊密發展 (compact development)。基於 TOD 成效及結合高齡於大眾運輸環境之需求，彙整發展高齡友善 TOD 策略建議，請參見下表 5-3-1。

　　1. 促使土地資源形成連續性而有效率的使用方式；

　　2. 減低開發壓力，保護生態環境；

　　3. 避免凌亂的開發行為，減低公共設施提供壓力與財政支出；

　　4. 政府土地管理範圍合理縮小，提升行政管理成效；

　　5. 維護與形塑都市整體景觀；

　　6. 提升土地使用與公共設施的配置效率；

　　7. 提升都市內居民的生活品質。

表 5-3-1　高齡友善 TOD 策略建議

構面	對策
土地混合使用	「步行環境與高齡者需求相容的土地混合使用型態」： 步行環境與高齡者需求相容的混合土地使用類型，以大眾運輸場站與步行路網爲主體，進行土地使用混合區位布設，加以融合高齡者的步行需求，再依據 TOD 區結合地區發展定位，進行土地使用的和諧混合，以提高高齡者於大眾運輸節點周邊的步行意願，達到加強在地特色與使用者連結，藉以增加各種土地使用的多樣性與便利性。
人行導向都市設計	「營造行人專用街道與自然環境藝術」： 行道樹和其他形式的環境營造，如人行專用道可混入自然環境特徵，使步行環境更綠意盎然，亦可設置步行相關裝置藝術，使步行過程充滿樂趣，而高密度行道樹種植在人行道和車用道路之間，可緩衝行人和車輛，甚至讓行人與車輛達到有效隔離，使行人產生步行在郊區之感，且也能降低天候對於弱勢族群步行的影響，如夏天可具有遮蔭防晒的效果，冬天亦可具有擋風的效果，進而轉往以人與環境爲共同考量的都市發展。
步行可及性與多樣性	「聯合周圍店家共同營造高齡友善步行之氣息」： 結合周圍店家並鼓勵經營型態轉型，積極促使雙方共同設置步行相關設施，如一同規劃舒適之步行休憩區，供老年人乘坐使用，讓原商業型態轉往以服務步行爲導向發展，使之兼具帶動店家營收與步行實用性之規劃，減少高齡者於步行過程體力限制，亦可針對汽、機車實施管制，藉以提供一個愉悅的慢活都市環境，以提高步行可及性與多樣性，進而改善當前巷弄道路的使用型態。
步行環境安全性	「提升步行安全相關設施降低安全疑慮」： TOD 區周圍步行多以巷弄道路爲主，故需在各巷弄道路間架設完善的監控系統，並增加路燈照明與巡邏箱，以及在重要路口設置行人專用時相，減少行人穿越時與車輛發生碰撞的機率，再輔以改善步行路網結構，提高一般民眾步行前往機會，以降低高齡者行經巷弄道路的危險疑慮。
高齡者步行需求	「加強高齡者步行需求使用元素」： 以該地區高齡者各種日常活動內容爲考量，加強高齡者步行使用，以此進行環境改善來建立安全、多樣與適合高齡者步行的社區環境。最後綜合上述策略，可建構一個具老年人高度使用元素爲考量的 TOD 環境，以此最高要求進而影響一般民眾對老年人的重視與尊重，藉以改善社會氛圍。

構面	對策
友善安全的環境	「引導區域發展使地區朝向緊密發展」： 高齡者步行深受外在環境所影響，故適度引導區域成長使其朝向緊密發展，藉以影響步行深度來達到以場站爲核心的都市發展，以此減少高齡者對於巷弄道路的使用，可間接提升步行安全性。
便捷的步行環境	「以空間爲主體考量調整步行路網結構」： 加以運用 Space Syntax 空間便捷值，可充分反應空間主體性與人流的使用情況，故可以此爲依據進行上述元素的各項配置（如傳統市場、寺廟、老人活動中心、公園廣場等設施），如在便捷值低的地區增設 YouBike 公共自行車租借站，以提升該區的可及性，並可在便捷值高的地區進行多項人行導向都市設計，以針對高度行人聚集區域作最大服務。此外，亦可針對便捷低落地區，進行步行路網調整，以改善步行空間動線，以此更能讓資源配置更爲有效率且具有適地性。

資料來源：本文整理

　　緣此，當今的都市設計思潮中，強調結合交通運輸系統與健康課題，以達到「公共健康」與「身體健康」的目標，而落實 TOD 與健康設計概念，係提供多樣化住宅型態與適宜步行的鄰里單元，並以車站爲中心，進行周邊空間的都市設計時，可分爲如下六個部分加以說明：

　　1. 一個有趣、舒適的步行空間：大多數的行人無法感受到在一個大的開放空間裡可以舒服的步行感覺，乃是因爲繁忙的交通就從身邊緊鄰而過，而透過在人行道旁的建築物加強展示櫥窗設計，則可吸引行人步行的興趣以增加人們使用大衆運輸的動機。

　　2. 以行人導向爲主的土地利用模式：其零售使用應設置在沿街的地方，在道路旁設置車站可吸引人來此地，並可創造活力，使行人感到舒服的環境。

　　3. 鄰近地區和車站應有便利的行人道來連接，針對這個議題有詳細的說明：(1) 提供人們想要去的地方之連結：一個好的路線聯絡網最基本的是提供行人和騎腳踏車的人可以到不同目的地之機會；(2) 保證一個連

續的街道和路網：死胡同和死路大大地增加行人和騎腳踏車的人旅行到鄰近目的地的距離；(3) 提供通過大樓的連接：當大樓過度長的時候，行人就必須沿著大樓邊緣走更長的距離到達目的地。提供一個走捷徑的路線通過較長的大樓，將能增加行人的便利。

　　4. 發展地區特色：只要有一點點的創造力，車站就足夠成為社區的焦點，它們能夠結合便利商店、餐廳或其他鄰里設施，結合這些使用加強焦點，使其成為社區真實的一部分。

　　5. 大眾運輸與地景：街樹和其他形式的地景提供了一個愉悅的對比和舒緩都市環境。藉由混合自然特色在建築中，使街景更有生氣。街樹種植在人行道和道路之間，可以緩衝行人和車輛，也提供行人夏天可以遮蔭的地方。

　　6. 棋盤式的街道型態：使用棋盤式的街道，乃是為了方便每條道路都能與大眾運輸系統相連結，且容許一條或多條穿越性道路通過計畫區域。

參考文獻

外文文獻

1. Alpkokin, P. and M. Ergun (2012). Istanbul Metrobüs: first intercontinental bus rapid transit. *Journal of Transport Geography*, 24(0): 58-66.

2. Bakeman, R., and Beck, S. (1974). The size of informal groups in public. *Environment and Behavior*, 6: 378-390.

3. Batty M. (1997). Predicting where we walk. *Nature*, 388: 19-20.

4. Belzer, D. and Aulter, G. (2002). *Transit-Oriented Development: Moving from Rhetoric to Reality*. Washington, D.C.: The Brookings Institution Center on Urban and Metropolitan Policy and The Great American Station Fundation.

5. Bian, L. (2004). A Conceptual Framework for an Individual-based Spatially Explicit Epidemio logical Model.

6. Bitgood, S. (2006). An analysis of visitor circulation: Movement patterns and the general value principle. *Curator*, 49(4): 463-475.

7. Boarnet, M. G. and Greenwald, M. J. (2000). Land use, urban design, and nonwork travel: reproducingother urban areas' empirical test results in Portland, Oregon. *Transportation Research Record*, 1722: 27-37.

8. Cervero, R. and Kockelman, K. (1997). Travel demand and the 3Ds: density, diversity and design. *Transportation Research D*, 2(3): 199-219.

9. Cervero, R., (2007). Transit-oriented development's ridership bonus: a product of self-selection and public policies. *Environment and Planning A*, 39 (9): 2068-2085.

10. Cervero, R., Dai, D. (2014). BRT TOD: leveraging transit oriented development with bus rapid transit investments. *Transport Policy*, 36: 127-138.

11. CNU-Congress for the New Urbanism, 2019. https://www.cnu.org/.

12. Corbett, J. and P. Zykofsky. (1999). *A Policymaker's Guide to Transit-Oriented Development*. California: the Center for Livable Communities, Local Government Commission.

13. Coughlin, J. F., (2009). Longevity, Lifestyle, and Anticipating the New Demands of

Aging on the Transportation System. *Public Works Management & Policy*, 13(4): 301-311.

14. Crane, R. (1996). On Form Versus Function: Will the New Urbanism Reduce Trafficor Increase It. *Journal of Planning Education and Research*, 15: 117-26.

15. Crane, R. (1998). Travel by Design. *Access*, 12: 2-7.

16. Crane, R. and Crepeau, R. (1998). Does Neighborhood Design Influence Travel? A Behavioral Analysis of Travel Diary and GIS Data. *Transportation Research Part D: Transport and Environment*, 3: 225-238.

17. Daamen, W. (2004). Modelling passenger flows in public transport facilities. *TU Delft*. Delft University of Technology.

18. David Koffman, David Raphael and Richard Weiner, (2004). *The Impact of Federal Programs on Transportation for Older Adults*, 2004-17.

19. Davis, Dave, Judy Corbett, and Paul Zykofsky (1999). Building Livable Communities: A Policymakers Guide to Transit-Oriented Oevelopment, the Center for Livable.

20. Deng, T. and J. D. Nelson (2013). Bus Rapid Transit implementation in Beijing: An evaluation of performance and impacts. *Research in Transportation Economics*, 39(1): 108-113.

21. Downs, A. (1999). Contrasting Strategies for the Economic Development of Metropolitan Areas in the United States and Western Europe. In *Urban Change in the United States and Western Europe: Comparative Analysis and Policy* (A. A. Summers, P. C. Cheshire, and L. Senn, eds.). The Urban Institute Press, Washington, D.C.

22. E. Eric Boschmann and Sylvia A. Brady (2013). Travel behaviors, sustainable mobility, and transit-oriented developments: A travel counts analysis of older adults in the Denver, Colorado, metropolitan area. *Journal of Transport Geography*, 33: 1-11.

23. Ewing, R., and R. Cervero (2001). Travel and the built environment. *Transportation Research Record*, 1780: 87-114.

24. Finnis, K. K., and Walton, D. (2008). Field observations to determine the influence of population size, location and individual factors on pedestrian walking speeds. *Ergonomics*, 51: 827-842.

25. Frank, L. D., Schmid, T. L., Sallis, J. F., Chapman, J. and Saelens, B. E. (2010).

Linking object ively measured physical activity with objectively measured urban form: findings from SMARTRAQ. *American Journal of Preventive Medicine*, 28(2, Sup. 2.): 117-125.

26. Galea, E. R. (2003). Pedestrian and evacuation dynamics. In *Proceedings of 2nd International Conference on Pedestrian and Evacuation Dynamics*. London, UK, CMCPress.

27. Giles-Corti, B., Vernez-Moudon, A., Reis, R., Turrell, G., Dannenberg, A. L., Badland, H., Foster, S., Lowe, M., Sallis, J. F., Stevenson, M., Owen, N. (2016). City planning and population health: a global challenge. *The Lancet*, 388(10062): 2912-2924.

28. Global Platform for Sustainable Cities (2018). TOD Implementation Resources and Tools. *World Bank*. Washington, D.C.

29. Gloria, S. C., Charlotte, C., Sergio, C., Helena, C. (2018). Graphical approach to assess urban quality: Mapping walkability based on the TOD-standard. *Cities*, 76: 58-71.

30. Gray, G.E. and L. A Hoel (1992). Public Transportation, Englewood Cliff. NJ: Prentice Hall.

31. Gregory, B. (2015). Member Spotlight with Bert Gregory: A Focus on Health is Transforming the Design Industry, http://uli.org/centers-initiatives/member-spotlightbert-gregory-focus-health-transforming-industry.

32. Groenendijk, L., Rezaei, J., Correia, G. (2018). Incorporating the travellers' experience value in assessing the quality of transit nodes: a Rotterdam case study. *Case Studies on Transport Policy*, 6: 564-576.

33. Guthrie, A., Fan, Y. (2016). Developers' perspectives on transit-oriented development. *Transport Policy*, 51: 103-114.

34. Handy, S. Methodologies for Exploring the link between Urban Form and Travel Behavior. *Journal of Planning Education and Research, D: Transport and Environment*, 1(2): 151-165.

35. Hawthorm (2000). Possible implications of aging for interface designers. *Interacting with Computers*, 12: 507-528.

36. Helbing, D., Buzna, L., Johansson, A., and Werner, T. (2005). Self-organized

pedestrian crowd dynamics: Experiments, simulations, and design solutions. *Transportation Science*, 39(1): 1-24.

37. Hidalgo, D. and C. Huizenga (2013). Implementation of sustainable urban transport in Latin America. *Research in Transportation Economics*, 40(1): 66-77.

38. Hillier, B., Shu, C.F. (2000). Crime and urban layout: the need for evidence Secure foundations: Key issues in crime prevention, crime reduction and community safety, M. Vic, S. Ballintyne, and P. Ken, eds, London. 224-248.

39. Hoogendoorn, S. P., and Bovy, P. H. (2005). Pedestrian travel behavior modeling. *Networks and Spatial Economics*, 5(2): 193-216.

40. Horner, M. W., and O'Kelly, M. E. (2001). Embedding economies of scale concepts for hub network design. *Journal of Transport Geography*, 9(4): 255-265.

41. Hyungun Sung, Ju-Taek Oh (2011). Transit-oriented development in a high-density city: Identifying its association with transit ridership in Seoul, Korea. *Cities*, Volume 28, Issue 1, Pages 70-82.

42. Ingvardson, J. B., Nielsen, O. A. (2018). How urban density, network topology and socio-economy influence public transport ridership: Empirical evidence from 48 European metropolitan areas. *Journal of Transport Geography*, 72: 50-63.

43. Ishikawa, A., M., Amagasa, T., Shiga, G., Tomizawa, R., Tatsuta, & H., Mieno (1993). The Max-Min Delphi Method and Fuzzy Delphi Method vie Fuzzy Integration. *Fuzzy Sets and Systems*, 55: 241-253.

44. Jessica Kozlowski Russell (2012). Influence of built environment and transportation access on body mass index of older adults: Survey results from Erie County, New York. *Transport Policy*, March 2012, 20: 128-137.

45. Jiang, Y., P. Christopher Zegras, et al. (2012). Walk the line: station context, corridor type and bus rapid transit walk access in Jinan, China. *Journal of Transport Geography*, 20(1): 1-14.

46. John Wilmoth. (2014). Revision of the World Urbanization Prospects report.

47. Jones, A., A. Goodman, et al. (2012). Entitlement to concessionary public transport and wellbeing: a qualitative study of young people and older citizens in London, UK. *Social Science and Medicine*, (0).

48. Judy, J. (2003). Motorola Technological Assistance for Aging Drivers: Motorola's Approach. New Transport Technology For Older People An OECD- MIT International Symposium Cambridge, Massachusetts, 40-41.

49. Jun, H. J., Hur, M. (2015). The relationship between walkability and neighborhood social environment: The importance of physical and perceived walkability. *Applied Geography*, 62: 115-124.

50. Jun, M. J., Kim, J. I. (2012). The effects of high-density suburban development on commuter mode choices in Seoul, Korea. *Cities*, (0).

51. Kaiser, H. J. (2009). Mobility in Old Age: Beyond the Transportation Perspective. *Journal of Applied Gerontology*, 28(4): 411-418.

52. Kaufmann, A. and Gupta, M. M. (1998). Fuzzy Mathematical Models in Engineering and Management Science. Amsterdam, North-Holland.

53. Kaufmann, V. (2011). The individual motilities that make the city. *Rethinking the City: Urban Dynamics and Mobility*. Lausanne, Switzerland: EPFL Press.

54. Keijer, M. J. N., & Rietveld, P. (2000). How do people get to the railway station? The Dutch experience. *Transportation Planning and Technology*, 23(3): 215-235.

55. Keijer, M.J.N. and Rietveld, P. (2000). How Do People Get to the Railway Station? The Dutch Experience. *Transportation Planning and Technology*, 23: 215-235.

56. Kelly Clausen, Pr. (2010). He Hennepin County Aging Initiative. *Research Highlights: Older Adults' Transportation and Mobility*, Research, Planning and Development Sherrie Simpson, Director.

57. Kumara, P.P., Ravi Sekhar, Ch., Paridaa, M. (2018). Residential dissonance in TOD neighborhoods. *Journal of Transport Geography*, 72: 166-177.

58. Kwok Yan Chi Jackie. (2013). Projecting Sustainable Living Environment for an Ageing Society: The Case of Hong Kong. *Procedia Environmental Sciences*, 17: 675-684.

59. Lee, B. H. and Jung, W. S. (2018). Analysis on the urban street network of Korea: Connections between topology and meta-information. *Physica A: Statistical Mechanics and its Applications*, 497(1): 15-25.

60. Li, X., and M. E. Hodgson. (2004). *Vector Field Data Model and Operations' GIScience and Remote Sensing*, 41: 1-24.

61. Liang-Kung Chen, Hajime Inoue, Chang-Won Won, Chi-Hung Lin, King-Fu Lin, Shwu-Feng Tsay, Pi-Fen Lin, Shu-Hua Li. (2013). Challenges of urban aging in Taiwan: Summary of urban aging forum. *Journal of Clinical Gerontology and Geriatrics*, Volume 4, Issue 4, Pages 97-101.

62. Macfarlane, R. G., Wood, L. P., Campbell, M. E. (2014). Healthy Toronto by Design: Promoting a healthier built environment. US National Library of Medicine National Institutes of Health.

63. Marvin L. Manheim. (2013). *Fundamentals of Transportation Systems Analysis*, Volume 1: basic concepts.

64. Marwan, A.-A. R. R. (2012). Modeling Pedestrian Walking Speeds on Sidewalks. *Urban planning and Development*, 133(3): 211-219.

65. Mathur, S. and C. Ferrell (2013). Measuring the impact of sub-urban transit-oriented developments on single-family home values. *Transportation Research Part A: Policy and Practice*, 47(0): 42-55.

66. Mc Guckin, N. A., and Murkami, E. R. (1999). Examining Trip-Chaining Behavior: Comparison of Travel by Men and Women. Paper presented at the 78Th Annual Meeting of the Transportation Research Board, Washington, DC, January 10-14.

67. McIntosh, J., Trubka, R., Newman, P., Kenworthy, J. (2017). Framework for land value capture from investment in transit in car-dependent cities. J. *Transport Land Use*, 10 (1): 155-185.

68. Millonig, A., and Gartner, G. (2007). Monitoring pedestrian spatio-temporal behaviour. *BMI*, 296: 29-42.

69. Montgomery, C. (2013). Happy city: Transforming our lives through urban design. New York, USA: Farrar, Straus and Giroux.

70. Moudon, A. V., Lee, C., Cheadle, A. D., Garvin, C., Johnson, D., Schmid, T. L., Weathers, R. and Lin, L. (2006). Operational definitions of walkable neighborhood: theoretical and empirical insights. *Journal of Physical Activity and Health*, 3(Sup. 1): S99-S117.

71. Moudon, A. V., Lee, C., Cheadle, A. D., Garvin, C., Johnson, D., Schmid, T. L., Weathers, R. and Lin, L. (2006). Operational definitions of walkable neighborhood:

theoretical and empirical insights. *Journal of Physical Activity and Health*, 3(Sup. 1): S99-S117.

72. Mountain, D., and J. Raper. (2001). Positioning Techniques for Location-based Services (LBS): Characteristics and Limitations of Proposed Solutions. *Aslib Proceedings*, 53: 404-12.

73. Mu, R. and M. d. Jong (2012). Establishing the conditions for effective transit-oriented development in China: the case of Dalian. *Journal of Transport Geography*, 24(0): 234-249.

74. Murray, T. J., Pipino, L.L., Gigch, J.P. (1985). A pilot study of fuzzy set modification of Delphi. *Human Systems Management*, 5(1): 76-80.

75. Murray, Thomas J. Pipino, Leo L. van Gigch, John P. (1985). A pilot study of fuzzy set modification of Delphi. *Human Systems Management*, 5(1): 76-80.

76. Niles, J. and nelson, D., (1999). Measuring the Success of Transit-Oriented Development: Retail Market Dynamics and Other Key Determinants. Paper presented at the National Planning Conference, Seattle, Washington, April 24-28.

77. Nina G., and Robin M. B. (2000). Older Nonmetropolitan Residents' Evaluations of Their Transportation Arrangements. *The Journal of Applied Gerontology*, 19 (1): 95-116.

78. Olaru, D., B. Smith, et al. (2011). Residential location and transit-oriented development in a new rail corridor. *Transportation Research Part A: Policy and Practice*, 45(3): 219-237.

79. Parasuram A., Valarie A. Zeithaml and Leonard L. Berry. (1998). SERVQUAL: AMultiple-Item Scale for Measuring Consumer Perceptions of Service Quality. *Journal of Retailing*, 64: 12-40.

80. Park, N. S., Lucinda, L. R., Sun, F., Parker, M. W., David L. K., Sawyer, P., and Richard, M. (2010). Allman Transportation Difficulty of Black and White Rural Older Adults. *Journal of Applied Gerontology*, 29(1): 70-88.

81. Porter, D.R. (1997). Transit-Focused development: A Synthesis of Research and Experience, *Transit Cooperative Research Program Report*, 20. Washington, D.C.: Transportation Research Board.

82. Porter, D.R. (1998). Transit-Focused Development and Light Rail Systems: The Lite Connection. *Transportation Research Record*, 1623: 165-69.

83. Quade, P. B. and ING. Douglas, (1996). TCRP Report 16: Transit and Urban Form, Washington: DC, Transportation Research Board.

84. Rahul, T. M., Verma, A. (2013). Economic impact of non-motorized transportation in Indian cities. *Research in Transportation Economics*, 38(1): 22-34.

85. Ratner, K. A. and A. R. Goetz (2013). The reshaping of land use and urban form in Denver through transit-oriented development. *Cities*, 30(0): 31-46.

86. Reza, K., and Vassilis, S.M. (1998). Delphi hierarchy process (DHP): A methodology of priority setting derived from the Delphi method and analytical hierarchy process. *Euroopean Journal of Operational Research*, 137: 347-354.

87. Ronald L. Mace, Graeme J. Hardie, and Jaine P. Place. (1996). Accessible Environments: Toward Universal De Saaty, T. L. The analytic hierarchy process. New York: McGraw-Hill. sign, AUED. 9. 96: 44.

88. Sallis, J. F., Bull, F., Burdett, R., Frank, L. D., Griffiths, P., Giles-Corti, B., Stevenson, M. (2016). Use of science to guide city planning policy and practice: how to achieve healthy and sustainable future cities. *The Lancet*, 388(10062): 2936-2947.

89. Samimi, A., A. Mohammadian, et al. (2009). Effects of transportation and built environment on general health and obesity. *Transportation Research Part D: Transport and Environment*, 14(1): 67-71.

90. Solomon, J. (2000). Social exclusion and the provision of public transporte Main Report. DfT, University of North London.

91. Spadon, G., Gimenes, G., Rodrigues-Jr, J. F. (2017). Identifying Urban Inconsistencies via Street Networks. *Procedia Computer Science*, 108: 18-27.

92. Spek, S. (2006). Pedestrian Oriented Design, Designing the Sustainable City-A Tool to Optimize Pedestrian Routing. In *Modernization and Regionalism: Re-inventing Urban Identity*, 693-97, edited by V. Wang, Q. Sheng, and C. Sezer. Delft: TU Delft.

93. Spek, S. (2006). Pedestrian Oriented Design, Designing the Sustainable City-A Tool to Optimize Pedestrian Routing. In *Modernization and Regionalism: Re-inventing Urban Identity*, 693-97, edited by V. Wang, Q. Sheng, and C. Sezer. Delft: TU Delft.

94. Steiner, R. L. (1998). Residential Density and Travel Patterns: Review of the Literature. *Transportation Research Record*, 1466: 47-43.

95. Steiner, R. L. (1998). Residential Density and Travel Patterns: Review of the Literature. *Transportation Research Record*, 1466: 47-43.

96. Su, F., and Bell, M. G. (2009). Transport for older people: Characteristics and solutions. *Research in Transportation Economics*, 25(1): 46-55.

97. Sung, H., Oh, J. T. (2011). Transit-oriented development in a high-density city: Identifying its association with transit ridership in Seoul, Korea. *Cities*, 28(1): 70-82.

98. Suzanne Mavoa , Karen Witten , Tim Mc Creanor , David O'Sullivan (2012), GIS based destination accessibility via public transit and walking in Auckland, New Zealand. *Journal of Transport Geography*, 20 (2012): 15-22.

99. Thompson, G. L. and Audirac, I. (1999). TOD's Importance to Transit: Transit's Importance to TOD: Planning Scenarios for Sacramento. Paper presented at the 78th Annual Meeting of the Transportation Research Board, Washington, DC, January 10-14.

100. Tim Stonor. (2010). Valuing the public realm: The importance of spatial networks. City of cambridge community development department.

101. Tom Rye, William Mykura, (2009). Concessionary bus fares for older people in Scotland-are they achieving their objectives?. *Journal of Transport Geography*, Volume17, Issue 6, November 2009, Pages 451-456.

102. TriMet. (2011). Tri-County Metropolitan Transportation District of Oregon, TriMet, http://ctod.org/portal/Portland-Metros-TOD-Strategic-Plan.

103. Tsiompras, A. B., Photis, Y. N. (2017). What matters when it comes to "Walk and the city"?. Defining a weighted GIS-based walkability index. *Transportation Research Procedia*, 24: 523-530.

104. U.S. Department of Transportation (2003). 2003 Revised Value of Travel Time Guidance.

105. United Nations. (2019). World Population Prospects 2019.

106. Ventura, F. X. (2016). Espacio y movilidad: la arquitectura de los desplazamientos. Madrid, Spain: Los Libros de la Catarata.

107. Wey, W. M., Chiu, Y. H. (2013). Assessing the walkability of pedestrian environment under the transit-oriented development. *Habitat International*, 38: 106-118.

108. Willis A, Gjersoe N, Havard C, Kerridge J, Kukla R, (2004). Human movement behaviour in urban spaces: implications for the design and modelling of effective pedestrian environments. *Environment and Planning B: Planning and Design*, 31(6): 805-828.

109. World Health Organization. (2007). Global age-friendly cities: a guide.

110. World Health Organization. (2012). 90(3): 162-163.

111. World Health Organization. (2015). World report on ageing and health.

112. World Health Organization. (2016). Global strategy and action plan on ageing and health 2016-2020.

113. World Health Organization. (2019). World report on ageing and health.

114. Zhang, M. and L. Wang (2013). The impacts of mass transit on land development in China: The case of Beijing. *Research in Transportation Economics*, 40(1): 124-133.

115. Zhang, X., Bayulken, B., Skitmore, M., Lu, M., Huisingh, H. (2018). Sustainable urban transformations towards smarter, healthier cities: Theories, agendas and pathway. *Journal of Cleaner Production*, 173(1): 1-10.

116. Zheng, X., Zhong, T., and Liu, M. (2009). Modeling crowd evacuation of a building based on seven methodological approaches. *Building and Environment*, 44(3): 437-445.

117. Zuniga-Teran, A. A., Orr, B. J., Gimblett, R. H., Chalfoun, H. V., Marsh, S. E., Guertin, D. P., Going, S. B. (2017). Designing healthy communities: Testing the walkabilitymodel. *Frontiers of Architectural Research*, 6(1): 63-73.

中文文獻

1. 內政部(2020)，「高齡友善住宅無障礙設計原則之研究」，內政部建築研究所自行研究報告。

2. 孔正裕(1999)，「臺灣地區敬老乘車優待方案之執行評估──以彰化縣資深國民免費乘車方案為研究分析個案」，東海大學公共行政系碩士班碩士論文。

3. 王葦(2009)，「捷運接駁公車路線走廊土地使用規劃模式」，臺北大學都市計劃研究所碩士學位論文。

4. 朱君浩(2002)，「臺北都會區捷運系統車站無障礙設施建築設計規範之初探：以肢體障礙者為例」。東海大學建築學系碩士班碩士論文。

5. 吳浩華(2009)，「都市大眾捷運系統公私合夥發展機制之研究」，臺灣大學土木工程學研究所碩士學位論文。

6. 李佳安(2009)，「以高齡者觀點探討臺北車站場域內資訊物件與尋路關係之研究」，東海大學工業設計研究所碩士論文。

7. 李家儂(2008)，「土地使用與交通運輸連結下的都市模式演變及其效益評估」，政治大學地政研究所博士班學位論文。

8. 李家儂、羅健文(2006)，「大眾運輸導向發展設計概念中步行可及性與大眾捷運系統旅次關係之初探」，都市交通，20(4)，1-14。

9. 杜宗翰(2009)，「建立老人及身心障礙免費搭乘服務業務有效機制之研究」，國立交通大學運輸與管理碩士班碩士論文。

10. 杜菀甄(2004)，「臺南市住宅社區街道系統適居性提升之研究──引用交通寧適化概念與規劃策略之分析」，國立成功大學建築學系碩博士班碩士論文。

11. 沈添財、王國財、李永駿、張琪華、陳一昌、黃運貴、眞益城(2003)，交通部運輸研究所，鼎漢國際工程顧問股份有限公司，智慧型運輸系統於高齡化社會之應用研究，交通部運輸研究所，鼎漢國際工程顧問股份有限公司報告書。

12. 卓致瑋(2004)，「高雄捷運沿線推動大眾運輸導向發展的站區選擇評估模式之研究」，成功大學都市計劃學系碩士班學位論文。

13. 紀秉宏(2010)，「高齡者醫療旅次運具選擇之研究」，國立交通大學交通運輸研究所碩士論文。

14. 徐淵靜、周依潔(2011)，「捷運系統之通用設計與運用」，軌道經營與管理，10，54-73。

15. 馬英妮(2005)，「配合捷運場站制訂都會遊憩地區之都市設計準則──以高雄捷運西子灣站為例」，成功大學都市計劃學系碩士班學位論文。

16. 高穗涵(2009)，「都會郊區高齡者需求回應運輸服務系統之規劃研究──以臺北縣板橋市為例」，中華大學運輸科技與物流管理學系碩士班碩士論文。

17. 國家發展委員會(2020)，「人口推估：國際比較主要國家工作年齡人口占總人口比率」，國家發展委員會統計資料。

18. 張有恆(2009)，「運輸計畫評估與決策，模糊理論之探討與應用」，臺北：華泰文化事業公司。

19. 張銘峰(2011)，「高齡者交通安全政策之研究──從交通行為害法規認知探討」，中央警察大學交通管理研究所碩士論文。

20. 張學孔、呂英志(2007)，「大眾運輸導向發展下運輸系統技術方案適用性之比較研究」，都市與計劃，36(1)，51-79。

21. 張瓊文(2011)，「高齡者戶外活動旅運特性問題與改善建議──以臺南市永康區為例」，行政院國家科學委員會補助大專學生參與專題研究計畫研究成果報告。

22. 曹雅博(2006)，「實施共乘計程車對旅運者行為之影響──以統聯中港轉運站為例」，逢甲大學交通工程與管理學系碩士班碩士論文。

23. 許佳雯(2011)，「針對高齡使用者WWWW介面設計」，國立交通大學傳播研究所碩士論文。

24. 許銓倫(2001)，「高齡者交通特性與交通設施之檢討」，國立交通大學交通運輸研究所碩士論文。

25. 郭仲偉(2005)，「以交通運輸政策提升臺灣地方鄉鎮觀光產業之研究」，臺灣地方鄉鎮觀光產業發展與前瞻學術研討會論文集，240-252。

26. 郭瑜堅(2003)，「都市旅次成本之研究」，國立臺灣大學土木工程學研究所碩士論文。

27. 陳正雄(2006)，「老人住宅整體規劃理念」，臺灣老人醫學雜誌，1(3)，122-137。

28. 陳佑伊(2006)，「高齡者旅運特性與運輸障礙分析」，中華大學運輸科技與物流管理學系碩士班碩士論文。

29. 陳昌益(2001)，「都市地區老人旅運需求初探──活動基礎理論之應用」，淡江大學運輸管理學系運輸科學碩士班碩士論文。

30. 游千慧(2017)，「我國高齡住宅政策之問題研析」，立法院第十屆第三會期議題研析專欄。

31. 黃兆鉑(2006)，「高齡社會都市大眾運輸課題與改善策略之研究——以大臺北都會區為例」，國立交通大學交通運輸研究所碩士論文。

32. 黃建昌、阮維德(2011)，「捷運轉乘停車場之經營管理」，軌道經營與管理，9，60-71。

33. 黃祥瑋(2004)，「城市中的速度轉換——臺中朝馬轉運站聯合開發規劃設計」，朝陽科技大學建築及都市設計研究所碩士設計論文。

34. 楊珮欣(2008)，「住商混合使用對房價之影響——臺北市經驗」，國立政治大學地政研究所碩士論文。

35. 廖偵伶(2008)，「捷運車站周邊土地使用規劃總量推估之研究」，政治大學地政學系碩士在職專班。

36. 潘佩君(2012)，「社會模型之實踐與侷限——以英國里茲老人與障礙者的交通方案為例」，國立中正大學社會福利研究所博士論文。

37. 蔡佳蓉(2004)，「本土化TOD 都市設計策略之研究」，成功大學都市計劃學系碩士班學位論文。

38. 蔡昱欣(2011)，「高雄捷運無障礙環境現況及肢體障礙者使用滿意度之研究」，國立東華大學特殊教育學系碩士班碩士論文。

39. 鄭婷文(2010)，「捷運板南線通車對龍山寺商圈之影響」，國立臺北教育大學社會與區域發展學系碩士學位論文。

40. 蕭宇軒(2010)，「影響大眾運輸使用因素之研究」，成功大學都市計劃學系碩士班學位論文。

41. 蕭宜孟(2007)，「高雄市行人公共空間改造規劃之研究——以美麗島大道計畫為例」，政治大學地政研究所碩士班學位論文。

42. 謝明珊(2007)，「高齡者之都市運輸系統評估與策略分析以臺北市浩然敬老院院民為例」，國立臺北大學都市計劃研究所碩士論文。

43. 謝泳興(2009)，「高齡者公路客運運輸資訊設計與評估」，中華大學運輸科技與物流管理學系碩士班碩士論文。

44. 謝雲竹(2009)，「以TOD 觀點制定景美捷運站周邊地區再發展策略之研究」，臺北科技大學建築與都市設計研究所碩士班學位論文。

45. 魏建宏、徐文遠(1997)，「老人運輸課題研擬之研究」，運輸計劃季刊，26(1)，119-142。

46. 蘇恆毅(2000)，「大臺北都會區高運量大眾捷運系統服務品質、顧客滿意度與購後行為之研究」，國立海洋大學航運管理學系碩士班碩士論文。

47. 臺北大眾捷運股份有限公司(2014)，https://www.metro.taipei/cp.aspx?n=15E6C317ECC9654A。

48. 臺北市公共運輸處(2014)，https://www.pto.gov.taipei/。

49. 交通部鐵路管理局(2014)，https://www.railway.gov.tw/tra-tip-web/adr/about-public-info-3。

50. 吳桂花(2013)，「社區老人自殺意念與負向生活經驗之探討」，國立臺北護理健康大學護理研究所博士論文。

51. 李家儂(2008)，「健康、運輸與都市設計整合的規劃思潮」，土地問題研究季刊，7(4)，114-124。

52. 李婉菁(2007)，「臺北市捷運對於沿線土地使用供給與需求之影響分析」，國立政治大學地政研究所碩士論文。

53. 林更岳(2010)，「生態大眾運輸導向發展(GreenTOD)理念之車站地區土地使用評估模式研究——以高雄市捷運凹子底車站地區為例」，國立成功大學都市計劃學系碩博士班碩士論文。

54. 林佳汶(2008)，「健康城市的建構與社區夥伴關係之研究——以臺北市大安區與士林區為例」，臺北大學公共行政暨政策學系學位論文。

55. 林楨家、謝明珊(2008)，「高齡者需要什麼樣的都市運輸系統？臺北市立浩然敬老院院民之實例分析」，建築與規劃學報，9(2)，101-121。

56. 張紹勳(2014)，模糊多準則評估法及統計，臺北：五南圖書出版股份有限公司。

57. 陳孟絹(2006)，「民眾對健康社區認知與態度之研究——以臺中市為例」，朝陽科技大學建築及都市設計研究所碩士論文。

58. 陳昭宏(2001)，「亞太港埠競爭力與核心能力指標之研究」，運輸學刊，13(1)，1-25。

59. 劉依婷譯、Peter Calthorpe著(1999)，跨世紀都會藍圖——生態、社區、願景，臺北：地景企業股份有限公司。

60. 劉婷婷、林濤，(2009)，「超大城市郊區小城鎮發展模式研究——以上海新市鎮為

例」，上海師範大學人文地理學碩士論文。

61. 蔡惠華(2002)，「2000年臺閩地區戶口及住宅普查之弱勢族群探究——單親家庭、原住民族群及老年人口概況」，國立政治大學統計學系碩士論文。

62. 衛萬里(2007)，「應用分析網路程序法選擇最佳產品設計方案之決策分析模式」，國立臺灣科技大學設計研究所博士論文。

63. 鄧振源(2013)，多準則決策分析方法與應用，臺北：鼎茂圖書出版股份有限公司。

64. 鄭滄濱(2001)，「軟體組織提升人員能力之成熟度模糊評估模式」，臺灣科技大學碩士論文。

65. 鍾宜庭(2009)，「天然災害老人弱勢族群社經脆弱度評估指標於地區災害防救災資源檢討之應用——以桃園縣桃園市為例」，銘傳大學建築與都市防災研究所碩士論文。

國家圖書館出版品預行編目資料

高齡城市學／李家儂著. -- 初版. -- 臺北市：
五南圖書出版股份有限公司, 2022.11
　　面；　公分

ISBN 978-626-343-331-1(平裝)

1.CST: 高齡化社會 2.CST: 都市計畫
3.CST: 環境規劃

544.8　　　　　　　　　111014144

4F23

高齡城市學

作　　　者 ― 李家儂

責任編輯 ― 唐　筠

文字校對 ― 許馨尹　黃志誠

封面設計 ― 王麗娟

發 行 人 ― 楊榮川

總 經 理 ― 楊士清

總 編 輯 ― 楊秀麗

副總編輯 ― 張毓芬

出 版 者 ― 五南圖書出版股份有限公司

地　　　址：106台北市大安區和平東路二段339號4樓

電　　　話：(02)2705-5066　　傳　　　真：(02)2706-6100

網　　　址：https://www.wunan.com.tw

電子郵件：wunan@wunan.com.tw

劃撥帳號：01068953

戶　　　名：五南圖書出版股份有限公司

法律顧問　林勝安律師事務所　林勝安律師

出版日期　2022年11月初版一刷

定　　　價　新臺幣380元